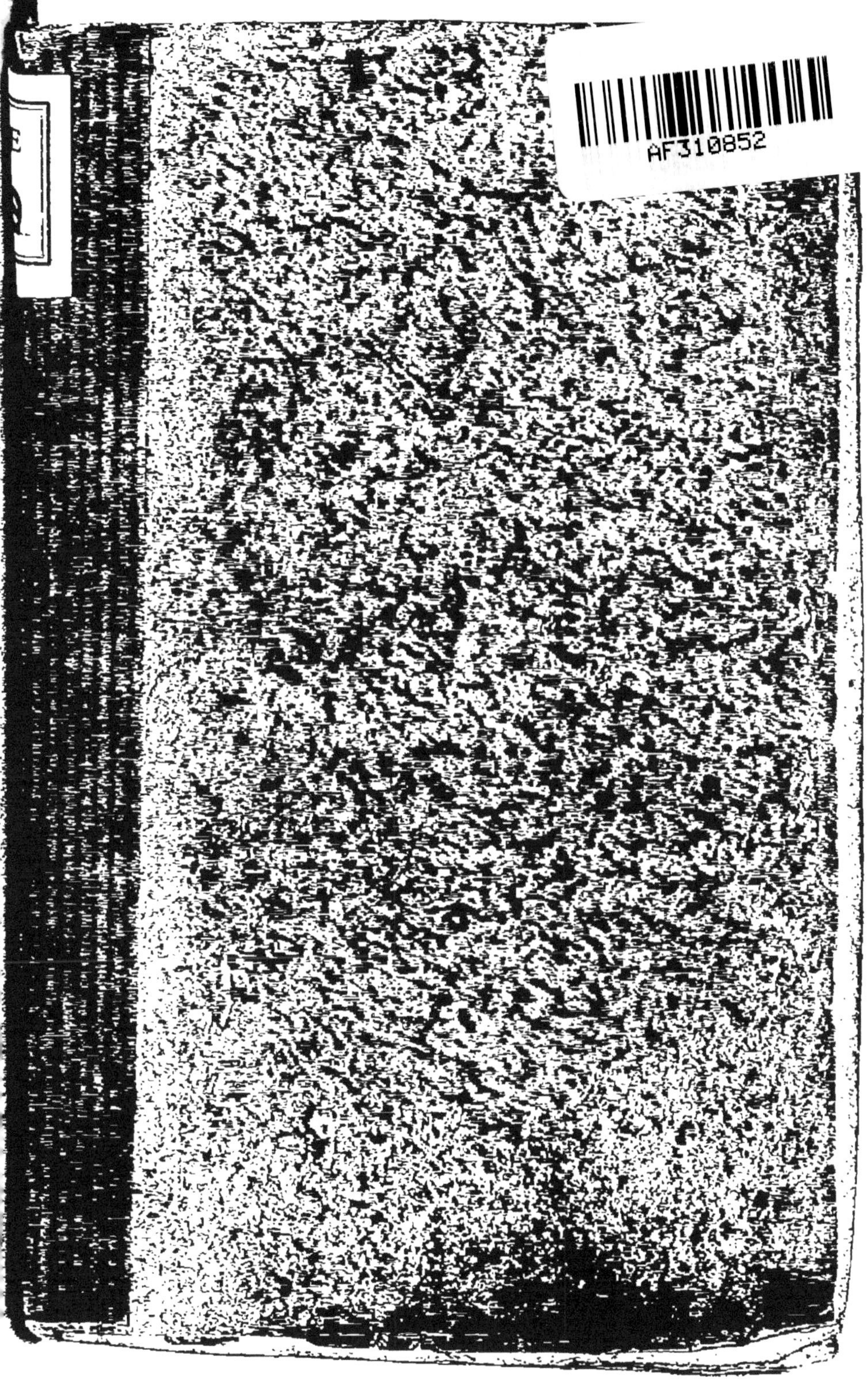

Y

ALFRED,

POËME EN QUATRE CHANTS.

ADRIEN EGRON, IMPRIMEUR
DE S. A. R. MONSEIGNEUR, DUC D'ANGOULÊME,
rue des Noyers, n° 37.

« Je t'ai promis de te faire apparaître
« Alfred vivant... sois satisfait; c'est moi:
« Reçois de moi la vie et lève-toi.

Chant IV

ALFRED,

POËME EN QUATRE CHANTS,

Par Charles MILLEVOYE.

A PARIS,

CHEZ EYMERY, RUE MAZARINE, N° 30;

ET FIRMIN DIDOT, RUE JACOB, N° 24.

1815.

Milton, dans une dissertation littéraire désigne pour sujet d'un poëme héroïque les aventures d'Alfred, qui, ajoute-t-il, ne sont pas moins intéressantes que celles d'Ulysse. Si, comme le chantre d'Ulysse et d'Hector, Milton avait pu enfanter deux chefs-d'œuvres, sans doute il eût fait mieux que d'indiquer un sujet remarquable, il l'eût traité.

Mais ce qui doit surtout nous étonner, c'est que Shakespear, ce peintre énergique des royales infortunes, c'est que Pope, ce traducteur célèbre de la plus belle des épopées, n'aient pas confié, l'un à la tragédie, l'autre à la muse héroïque le soin de reproduire le grand nom d'Alfred et son histoire merveilleuse.

Quel personnage plus éminemment poétique, en effet, qu'un monarque, fondateur et guerrier, poète et législateur, qui joint à tant de sortes d'intérêt l'intérêt plus grand qu'inspire un malheur non mérité? Les poètes et les romanciers ont-ils rien inventé de plus généreux que le caractère, de plus attachant que les aventures de cet Alfred, qui, accablé sous le nombre après d'éclatantes victoires, abandonné de son peuple dont il est chéri, suspend sa couronne aux rameaux d'un chêne, se réfugie dans une cabane, et, simple pâtre, songe, en conduisant un troupeau, qu'il doit encore gouverner un peuple; qui, au signal de l'amitié, passe sous le déguisement d'un chanteur dans le camp des farouches Danois, observe leurs positions, profite de leur désordre, et, un luth en main, s'apprête à re- conquérir ses états?

Au charme d'un sujet si noble, si drama- tique, si complet, se rattachent les scènes d'une nature primitive, les tableaux contras- tés de mœurs sauvages et de mœurs plus adoucies, des soins champêtres et des tra- vaux guerriers, de l'audace ignorante et sans frein et de la valeur disciplinée : et, au mi- lieu de ces images tour-à-tour gracieuses et sombres, imposantes et terribles, domine le caractère magnanime d'un héros à qui les victoires même n'ont pu faire aimer la guerre, d'un roi dont la gloire est pure et consolante, et dont un historien, qui ne prodiguait pas la louange, disait : « Je ne sais s'il y a jamais eu sur la terre un homme plus digne des respects de la postérité qu'Alfred le Grand..... L'histoire, qui d'ailleurs ne lui reproche ni défaut, ni faiblesse, le met au premier rang des héros utiles au genre humain.... »

Je me garderai bien de donner ici, à propos de mon poëme, une de ces poétiques où les préceptes de l'art sont adroitement détournés par l'auteur au profit de l'ouvrage.

Il me paraît peu convenable d'offrir au public des préceptes, quand on attend de lui des leçons.

ALFRED.

CHANT PREMIER.

Muse du Nord, qui, seule et recueillie,
Au bruit lointain de l'orageuse mer
Vas répétant, dans les longs soirs d'hiver,
De l'Écossais la ballade vieillie ;
Soit que tes yeux s'arrêtent par hasard
Sur les créneaux de ces tours sépulcrales,
Sanglans témoins des crimes du poignard ;
Soit qu'à minuit tu foules à l'écart
Les marbres saints ou les tombes royales ;

Viens. Les Esprits à la baguette d'or,
Rassemblés tous en des cercles sans nombre,
Ont de Windsor peuplé la forêt sombre :
L'heure est propice ; aux sentiers de Windsor,
Du grand Alfred je veux évoquer l'ombre.
Apporte-moi le luth consolateur,
Dernier ami, qui, fidèle à son maître,
Suivit au loin dans un exil champêtre
Ce roi caché sous l'habit du pasteur.

Libre au milieu de l'Angleterre esclave,
Une île étroite, et ceinte de roseaux
Qu'un double fleuve abreuvait de ses eaux,
Se dérobait à l'œil du Scandinave.
Là demeurait un vieux soldat d'Ecbert :
Olgard, issu d'une noble famille,
Fuyait le monde, et sur ce bord désert
Coulait des jours embellis par sa fille.

Tout le hameau chérissait Edvitha :
Plus d'un pasteur la nomma la plus belle ;
Plus d'un vieillard à son fils souhaita
De mériter une épouse comme elle.
Nouvel ami du vieillard généreux,
Le jeune Edvin dans la simple chaumière,
Qui de tout temps s'ouvrit aux malheureux,
Avait trouvé la table hospitalière.
Vers les rochers qui dominent les eaux
Il conduisait les chèvres vagabondes,
Ou, dans les prés que baignent les ruisseaux,
L'agneau timide et les brebis fécondes.

Edvin cachait le secret de son cœur ;
Mais d'Edvitha souvent à la veillée
Il ramassait la guirlande effeuillée ;
Même parfois il l'appelait sa sœur.
Ce nom de sœur et si pur et si tendre,

Qu'Edvin répète avec un doux accent,
Trouble Edvitha qui se plaît à l'entendre,
Et qui tout bas répond en rougissant.
Telle une fleur qui, sur les eaux penchée,
Se balançait au flexible rameau,
S'échappe enfin, par le vents détachée,
Et mollement suit le cours du ruisseau ;
Telle Edvitha s'abandonne sans peine
Au sentiment dont le charme l'entraîne.

Quand les troupeaux, des prés quittant l'émail,
Sont renfermés dans l'ombre du bercail,
Edvin, assis aux pieds de la bergère,
Lui répétait la ballade étrangère,
La longue histoire, et les simples chansons
Qu'à leurs foyers les filles des Saxons
Chantaient, la nuit, en attendant leur père.
Mais, par hasard, venait-il quelquefois

A rappeler quelque triste aventure
De rois proscrits cachés au fond des bois,
Il se troublait ; les cordes sous ses doigts
Ne formaient plus qu'un lugubre murmure ;
Morne et pensif, il demeurait sans voix.
Ce n'était point la vague rêverie
Du pâtre obscur qui songe à ses troupeaux,
Aux fruits des bois, aux fleurs de la prairie,
En essayant sur ses légers pipeaux
Un air d'amour pour la beauté chérie.
D'un soin plus grave il semble inquiété :
Tout le trahit, ses discours, son silence ;
Et, sur ces bords trop long-temps arrêté,
Vers d'autres lieux en espoir il s'élance,
Impatient de son obscurité.

Olgard un jour lui dit : « Ton luth sommeille,
Et loin de nous tu rêves à l'écart.

D'un chant guerrier viens flatter mon oreille ;
Le chant guerrier rajeunit le vieillard. »
Edvin soumis se rend aux vœux d'Olgard.
Précipitant sa cadence plus vive,
Il veut chanter l'hymne de la valeur ;
C'est vainement, et la note plaintive
Revient toujours soupirer la douleur :
« Mon luth est triste ; en vain je l'importune ;
Aux sons de gloire il n'est plus destiné.
Tel il gémit dans le jour d'infortune
Où de son peuple Alfred abandonné....
— O ! parlez-nous de ce roi détrôné ;
Répétez-nous sa douloureuse histoire,
Dit la bergère ; au bord du fleuve assis,
Vous la contiez un jour, et vos récits
Depuis ce jour occupent ma mémoire. »
Alors Edvin , sur un mode touchant,
Du roi banni redit le triste chant :

Alfred un jour, abandonné des braves,
Vit ses sujets passer sous d'autres lois
Et sous le joug des tyrans scandinaves
Courber le front pour la première fois.
Plaignez Alfred et le destin des rois.

Un seul ami, qui l'aima pour lui-même,
En lui jurant de soutenir ses droits,
Vint embrasser le roi sans diadème....
L'embrassait-il pour la dernière fois?
Plaignez Alfred et le destin des rois.

Dès le retour de l'aurore prochaine,
Se dérobant aux féroces Danois,
Il suspendit sa couronne au vieux chêne,
Et le vieux chêne en tressaillit trois fois.
Plaignez Alfred et le destin des rois.

Heureux Ecbert ! au beau pays de France
Un roi fameux t'accueillit autrefois ;

Et, sans appui comme sans espérance,

Ton héritier gémit seul dans les bois.

Plaignez Alfred et le destin des rois.

Depuis ce temps, on dit que son fantôme

Dans la feuillée apparut une fois.

Peut-être, hélas ! songeant à son royaume,

Sous quelque ombrage est-il mort dans les bois.

Plaignez Alfred et le destin des rois.

Des pleurs mouillaient les yeux de la bergère ;

Elle disait : « Que je plains sa misère !

Pourquoi le ciel qui protége les rois

Ne l'a-t-il pas amené sous nos toits ?

Chéri de nous, il eût béni mon père.

— Quoi ! se peut-il, répond Edvin troublé,

Qu'il vous inspire un intérêt si tendre ?

Belle Edvitha ! s'il pouvait vous entendre,

De son malheur il serait consolé.

—Le nom d'Alfred est cher à mon grand âge,
Poursuit Olgard; jadis par mon courage
Je dérobai son aïeul au trépas.
Suivant Ecbert au milieu des combats,
Du fer levé je vis le coup funeste
De ses vieux ans prêt à borner le cours :
Je le sauvai; mon sang paya ses jours.
Cette blessure est un bien qui me reste. »
Il la montra sur son sein découvert;
Puis il reprit : « Ce magnanime Ecbert
Entre ses bras m'emporta sous sa tente ;
Il dénoua son écharpe éclatante,
Et de mon sang elle étancha les flots.
Je la conserve. » En écoutant ces mots :
« Ah ! dit Edvin , permettez que je touche
Ce don sacré d'un roi victorieux ;
Noble vieillard, permettez que ma bouche
Presse un moment le tissu glorieux.

— Oui, » dit Olgard. Aussitôt il se lève ;
Au mur poudreux où pendait son vieux glaive
Il prend l'écharpe. Edvitha, souriant,
En décorait Edvin impatient.
Dieu ! quels transports il sent naître en son âme !
Dans ses yeux brille une subite flâme.
Olgard lui parle, il ne l'écoute plus ;
Sa voix s'égare en des accens confus ;
Il nomme Ecbert, parle de diadème.....
Ce jeune Edvin , c'était Alfred lui-même.

Dès ce moment, la fille du vieillard
N'occupait plus son âme tout entière,
Plus matinal, il quittait la chaumière,
Vers la chaumière il revenait plus tard.
A la veillée, interrogeant Olgard,
Il ne parlait que du fier Scandinave.
Leur chef Ivar, si farouche et si brave,

Son frère Ubba, pirate au cœur de fer,
Moins digne fils du courageux Recner (1);
Du camp nouveau les secrètes entrées;
Des monts voisins les routes ignorées;
Tel est d'Alfred l'entretien le plus cher.
Quand du vieillard la longue expérience
L'avait charmé par d'utiles récits,
Il se levait, saisi d'impatience,
Et dans les bois par les ombres noircis
Portait son trouble et ses pas indécis.
A tout moment, non sans rougir de honte,
Il croyait voir, sous ses yeux éperdus,
L'auguste Ecbert, qui lui demandait compte

(1) *Recner* ou *Regner*, roi de Danemarck et barde fameux, qui, renfermé dans une prison par son ennemi, acheva tranquillement son hymne de mort, au milieu des serpens qui le dévoraient.

De tant de jours obscurément perdus,

Il s'écriait : « O père de mon père !

Me verras-tu long-temps humilié?

Et toi, Dévon, espoir de ma misère,

Dans ce désert m'as-tu donc oublié?

Tu me promis qu'un fidèle message

M'apporterait le signal du retour :

Sur les rochers qui bordent cette plage,

L'œil fixe, en vain je m'assieds tout le jour ;

Rien ne paraît. Dans ce triste séjour

Me faudra-t-il consumer mon jeune âge?

Ah! si j'obtiens ce signal désiré,

J'en fais serment au dieu de ma patrie,

Seul, sans escorte et sans crainte, j'irai

De ces Danois affronter la furie;

Simple chanteur, j'irai, mon luth en main,

Du camp d'Ivar observer l'étendue,

Et, préparant l'attaque inattendue,

De la victoire apprendre le chemin.

Un heureux sort près d'Ivar me protége :

Quand des Danois je soutins les assauts,

Ivar absent, sur ses légers vaisseaux,

Suivait son frère aux côtes de Norwége.

Si mes exploits jusqu'à lui sont venus,

Mes traits du moins ne lui sont pas connus.

Sans défiance il m'ouvrira sa tente. »

Alfred ainsi trompait la longue attente,

Et les langueurs d'un pénible repos ;

Mais quand du soir l'ombre voilait la terre,

Il s'arrachait à ses rêves de guerre,

Et tristement ramenait ses troupeaux.

De ton monarque ami sage et fidèle,

Noble Dévon ! alors que faisais-tu ?

Long-temps pour lui ton bras a combattu ;

Et, pour tenter une lutte nouvelle,

Tu rends l'audace à son peuple abattu.
De combattans une troupe aguerrie
Déjà s'apprête à servir ton dessein ;
Déjà ta voix fait tressaillir leur sein
Aux noms sacrés de prince et de patrie.
Non loin du camp des farouches Danois,
De Sommerset la forêt solitaire
Voit sous son ombre accourir à la fois
Tous les héros honneur de l'Angleterre.

Un jour Alfred, aux rayons du matin,
Etait assis sur la déserte plage,
Et, de Dévon attendant le message,
Ses yeux erraient vers le sentier lointain.
A son oreille arrive un bruit soudain.
Entre le fleuve et l'aride clairière,
Passait Ubba; de six guerriers suivi,
Fier du butin dans sa course ravi,

Il retournait au camp d'Ivar son frère.

Alfred entend sa formidable voix,

Qui, résonnant sur la rive escarpée,

Criait ces mots aux pirates danois :

« Tout doit tribut aux enfans de l'épée.

Qui tient un fer, amis, possède tout ;

La terre est vaste et nos biens sont partout.

Vous avez vu ces troupeaux qui bondissent?

Ils sont à nous ; que vos mains les saisissent.

D'un tel présent rendons grâce au destin ;

Elançons-nous dans cette île sauvage,

Et sur ses bords préparons le festin. »

Il fend les flots et touche le rivage.

Ses compagnons le suivent.... Le berger

Posant son luth sur la roche prochaine,

Arme sa main du rameau d'un vieux chêne,

Marche au-devant du farouche étranger,

Et d'une voix menaçante et tranquille :

« Chef inconnu ! qui t'amène en cette île ?

«Qu'y cherches-tu ? réponds. — Ce n'est pas toi.

— N'avance pas. — Qui me le défend ? — Moi.

— Quel chef puissant règne sur ce parage ?

— Moi. — Tu me plais. Aurais-tu du courage ?

— Tu le verras. — Je te protégerai.

Le camp danois vaut bien ton pâturage ;

M'y suivrais-tu ? — Je t'y précéderai.

— Quel es-tu donc ? — Que t'importe ! peut-être

Dans peu d'instans je me ferai connaître :

Combats toujours. — Tu vas, faible pasteur,

De cet acier sentir la pesanteur.

— Frappe, et tais-toi. » Frémissant de l'injure,

Ubba de l'œil quelque temps le mesure,

Et la vengeance est au fond de son cœur.

Mais, du combat craignant déjà l'issue,

Tous les Danois sur Alfred élancés

Vont l'accabler ; il lève sa massue,

Frappe, redouble, écrase à coups pressés

Les plus hardis à ses pieds terrassés.

Le reste au loin s'enfuit sur le rivage :

Ubba, les yeux étincelans de rage,

Fond sur Alfred ; mais Alfred, sans terreur,

Lui laisse user sa force et sa fureur.

Bientôt, joignant la valeur et l'adresse,

De toutes parts il l'attaque, il le presse ;

Seul il l'entoure, et le pâle Danois

Trouve en un seul dix guerriers à la fois.

Du fer rompu l'inutile poignée

Reste en sa main ; il pousse un cri d'effroi.

Alfred s'arrête, et lui dit : « Remets-toi. »

Le fier Ubba voit sa vie épargnée ;

Il s'en indigne : «Insolent ! tu mourras. »

La forte hache arme aussitôt son bras.

Terrible, il lève au-dessus de sa tête

Le coup pesant que sa vengeance apprête.

A sa rencontre Alfred s'est élancé ;
D'un choc affreux le Danois renversé
Succombe : « Eh bien ! dit Alfred, que t'en semble ?
Faible pasteur, j'ai vaincu le Danois.
Oseras-tu nier une autre fois
Que je sois pâtre et guerrier tout ensemble ?
— Honneur à toi ! » dit le fils de Recner ;
Et pour frapper il soulève le fer.
Alfred échappe à sa rage trompée ;
Des mains du traître il arrache l'épée,
Et d'un sang noir fait ruisseler les flots.
Interrompant sa menace inutile,
Le Danois rit, et meurt. Dans le repos
Tout rentre alors, et le berger tranquille
Va retrouver son luth et ses troupeaux.

FIN DU PREMIER CHANT.

ALFRED,

CHANT SECOND.

5

ALFRED.

CHANT SECOND.

Or maintenant, dis-nous, Muse du Nord,
Quel fut d'Olgard le généreux transport,
Quand, rougissant d'une si faible gloire,
Edvin, pensif, lui conta sa victoire.
« Toi! leur vainqueur! O mon fils! à leurs coups
Quel sort heureux a donc pu te soustraire?
Eh quoi! toi seul contre eux tous!—Non, mon père;
A mes côtés j'avais Ecbert et vous. »
Vous eussiez vu des feux du premier âge

Les yeux d'Olgard reprendre tout l'éclat :
« Que n'ai-je, ami, secondé ton courage !
O ! si le ciel encore au vieux soldat
Eût accordé les honneurs d'un combat !...
Le temps n'est plus. Toi, fille aimable et chère,
Songe à présent qu'Edvin n'est plus pour nous
Un pâtre obscur ; c'est le fils de ton père :
Par sa valeur il nous a sauvés tous ;
Je te permets de le nommer ton frère. »

Alfred à peine entend ces derniers mots :
De longs regrets poursuivent le héros ;
Il pense au jour de victoire et de fête
Où, tout ensemble et monarque et soldat,
Poudreux encor de son dernier combat,
Du diadème il vit ceindre sa tête ;
Il se souvient de ses nombreux exploits,
Quand de l'état les plus fermes colonnes

Tombaient sans lui sous l'effort des Danois,
Quand à leur joug il déroba sept fois
Son front chargé du poids des sept couronnes (1).

Mais, de leur trouble à peine revenus,
Les compagnons du guerrier qui n'est plus
Ont emporté sa dépouille mortelle.
Au camp danois arrivés lentement,
Des yeux d'Ivar ils cherchent un moment
A détourner cette image cruelle.
Ivar accourt, frissonne, et dit ces mots :
« Auprès de vous je ne vois point mon frère ! »
L'un d'eux répond : « Il est avec son père ;
Comme son père il est mort en héros. »
Triste, et les bras croisés sur sa poitrine,
Loin des guerriers Ivar alla s'asseoir.

(1) L'heptarchie.

Le scalde alors chanta : sous la colline

Le corps glacé reposait vers le soir.

Le jour suivant , à l'Ombre fraternelle,

Ivar, tourné vers la tombe nouvelle,

Jure au milieu du funèbre festin

De consacrer à la flamme éclatante

Les deux captifs que leur fatal destin

Doit les premiers amener sous sa tente.

Levant au ciel un regard furieux ,

Il en atteste Odin l'incendiaire (1),

Et par le scalde en traits mystérieux

L'affreux serment est gravé sur la pierre;

Quelques Danois, vainement poursuivis,

Qui, des forêts repoussés vers la plaine,

En ce moment arrivaient hors d'haleine,

(1) *L'incendiaire* est une des nombreuses dénominations d'Odin.

Viennent au chef apporter ces avis :

« Chef ! au combat le Saxon se prépare ;

Le fier Anglais sort enfin du repos.

Un court trajet de leur camp nous sépare,

Et Sommerset voit flotter leurs drapeaux.

Ils sont nombreux : dans la forêt profonde,

D'un vaste camp ils dressent l'appareil ;

Nous les verrons avant que le soleil

Ait quatre fois plongé ses feux dans l'onde. »

Ivar écoute, et dit à ses soldats :

« Amis, buvez. Le retour des combats

D'un long repos vous épargne l'injure ;

Ne craignez plus de mourir sans blessure.

Gloire au guerrier noblement terrassé !

Malheur au lâche ! avec lui tout succombe :

L'oiseau d'oubli (1) vient chanter sur sa tombe ;

(1) Expression souvent employée dans les poésies danoises.

Pour lui déjà l'avenir est passé.

Buvez. » Il dit ; les clameurs se confondent,

Et les échos en mugissant répondent.

Trois chefs alors s'approchent : « Noble Ivar,

Que des combats le jour enfin se lève !

Auprès du tien brillera notre glaive. »

C'étaient Usdal, et Tremnor, et Rismar.

Ces trois guerriers, qu'un même nœud rassemble,

Aux sœurs d'Ivar ont donné leur amour.

Du même flanc sortis le même jour,

Au sein des camps ils grandirent ensemble.

Leurs bras unis, sous le même étendard,

Frappent ensemble à travers la mêlée,

Comme à la fois la fourche au triple dard

D'un triple coup fend la terre ébranlée.

Mais nul danger digne de leur valeur

Ne s'est offert ; de leurs armes encore

Nul attribut, nul signe ne décore

L'airain sans noms et l'acier sans couleur.

Ils ont juré leur chaîne fraternelle

De mériter une armure nouvelle,

Et dans ce jour veulent au prix du sang

Se délivrer de leur bouclier blanc.

Heureux, hélas! si le sort de la guerre

N'ordonne point que les trois compagnons,

Unis toujours, emportent sous la terre

Leurs boucliers sans couleur et sans noms!

« De votre bras je connais la vaillance,

Leur dit Ivar; amis, souvenez-vous

Qu'en vous mes sœurs chériront leurs époux,

Et méritez une illustre alliance. »

Mais cependant ces filles de Recner,

Prenant en main la navette de fer,

A la lueur d'une lampe magique,

4

Sous le rocher qui s'élève à l'écart
Ont commencé la trame fatidique
Qui des Danois formera l'étendard.
Dans leur beauté moins aimable qu'austère,
On cherche en vain l'abandon si touchant;
Mais de leurs traits le noble caractère
Peint de leurs cœurs l'héroïque penchant.
Leur front est pâle, et leur regard est sombre;
Leurs noirs cheveux flottent désordonnés;
Et ces trois sœurs, se recueillant dans l'ombre,
Des sœurs d'enfer aux regards étonnés
Offrent ensemble et l'image et le nombre (1).

(1) On supposait que trois déesses, messagères d'Odin, connues sous le nom générique de *Valkyries*, allaient au milieu des combats dispenser la victoire et désigner ceux qui devaient périr. Ces parques du Nord s'appelaient *Gadur*, *Rosta*, et *Skulda*.

Déjà s'étend sur leur métier d'airain
Le long tissu qu'attachent deux épées ;
Et lentement leurs voix entrecoupées
Chantaient cet hymne au sinistre refrain :

Odin se lève ; Odin l'invulnérable
A par trois fois demandé son coursier,
Et des rameaux du frêne vénérable
A détaché l'étincelant acier.
Sa voix puissante ébranle au loin la terre,
Et retentit dans les antres du Nord.
Formons, formons le tissu de la guerre ;
Chantons, chantons le refrain de la mort.

De noirs corbeaux une troupe affamée
Au pied des monts vient de se rassembler,
Et, s'élevant entre la double armée,
Boit en espoir le sang qui va couler.

                 ALFRED,

Fiers combattans qui joncherez la terre !
La Valkyrie a marqué votre sort.
Formons, formons le tissu de la guerre ;
Chantons, chantons le refrain de la mort.

Fatales sœurs ! épargnez notre frère ;
Gardez Ivar à nos embrassemens :
Vengez d'Ubba la couche funéraire,
Et toutefois protégez nos amans.
Puissent leurs noms, terribles sur la terre,
Occuper seuls les cent harpes du Nord !
Formons, formons le tissu de la guerre ;
Chantons, chantons le refrain de la mort,

Et du corbeau, l'emblême du carnage,
Sur l'étendard elles peignaient l'image (1),
Non sans tracer les signes merveilleux

(1) L'étendard sacré des Danois s'appelait *Reiftein*, mot qui dans leur langue signifie *corbeau*.

Par qui des morts la cendre est réchauffée,
Et qu'autrefois, dit-on, la vierge fée
Devers Upsal apprit à leurs aïeux.
L'ombre s'enfuit, le jour blanchit les cieux,
Et les trois sœurs travaillent sans relâche.
Le soir enfin les voit finir leur tâche,
En proférant des mots mystérieux.

Ivar des mains de ses trois sœurs chéries
Avec transport reçoit le don sacré ;
Il le dévoue aux pâles Valkyries,
Et le suspend au chêne révéré.

Le même soir, dans l'île solitaire,
Alfred songeait au trône héréditaire ;
Quand tout-à-coup s'élève un bruit léger....
Sur l'autre bord un voyageur l'appelle.
A cette voix, Alfred vers l'étranger
Guide aussitôt la légère nacelle.

4.

De son ami c'était le messager.

«Au pâtre Edvin, conduis-moi.—C'est moi-même.

— Prends cet anneau ; j'ai rempli mon devoir. »

Il dit, et part. Aux feux pâles du soir,

Le roi pasteur, saisi d'un trouble extrême,

Lut pour devise autour de l'anneau d'or

Ces mots gravés : SOMMERSET ! DIADÊME !

Et s'écria : « Je suis Alfred encor ! »

Tel un enfant de la libre Helvétie

Goûtait loin d'elle, au printemps de sa vie,

D'un nœud charmant l'innocente douceur.

Le rans du pâtre un jour se fit entendre:

A ces accens si connus de son cœur,

Mal du pays , mal douloureux et tendre !

Dès l'instant même il ressent ta langueur,

Le lac d'azur, le châlet , la prairie

A sa pensée ont apparu soudain ;

Il voit déjà dans l'horizon lointain

Fumer les toits de sa chère patrie.

Il reconnaît cette chaîne de monts

Qui dans les airs lèvent leur tête blanche,

Et croit ouïr dans les ravins profonds

Mugir long-temps la bruyante avalanche.

En vain l'amour gémit : le lendemain,

Abandonnant la plaintive étrangère ,

De la montagne il reprend le chemin ,

Et s'en retourne au pays de sa mère.

Tel est Alfred. Mais l'heure s'enfuyait ;

Et les troupeaux rentrèrent sans leur maître ,

Et d'Edvitha le regard inquiet

Cherchait Edvin sans le voir reparaître.

De la chaumière elle sort en tremblant ,

Pose dans l'ombre un pied timide et lent :

Le moindre bruit l'arrête ; elle frissonne

Quand sur ses pas le vent qui tourbillonne

A fait frémir le feuillage mouvant.

Se rassurant enfin, elle commence
Du roi banni la touchante romance,
Qu'à ses côtés Edvin chanta souvent.

Alfred, plongé dans sa mélancolie,
Errait encore au pied du mont voisin;
De longs soupirs s'échappaient de son sein.
Il écouta la cadence affaiblie
Du lai plaintif, et ces accens connus
Qui jusqu'à lui bientôt ne viendront plus;
Et, s'approchant de la beauté tremblante
Qu'il croyait voir pour la dernière fois,
Il répéta d'une voix triste et lente :
« Plaignez Alfred, et le destin des rois. »

Le lendemain, quand l'aube blanchissante
Perce à demi l'obscurité des cieux,
Le pâle Edvin d'Edvitha gémissante

Veut s'épargner les déchirans adieux.

Au lit d'Olgard, qu'un faible jour éclaire,

Il marche, et dit : « Bénissez-moi, mon père ;

Je pars. » Olgard soupire, et lui répond :

« Je t'aimais trop, Edvin. Un deuil profond

Va désormais attrister ma vieillesse ;

Tu manqueras long-temps à ma tendresse

Mais tu le veux, dispose ton départ :

Songe par fois à mon humble demeure ;

Sur ton chemin si tu vois un vieillard,

Songe un moment à celui qui te pleure. »

Tous deux long-temps se tinrent embrassés.

Olgard enfin s'écria : « C'est assez ,

Mon cher Edvin! à la mâle rudesse

D'un vieux soldat sied mal tant de faiblesse.

Pars; comme moi va servir ton pays :

Pars ; quelque jour tu reviendras , mon fils.

Tu reverras le vallon , la chaumière ,

Mon Edvitha peut-être ; mais alors
Le vieil Olgard sera parmi les morts.
Edvin du moins bénira ma poussière. »
Dans son silence Olgard retombe. Enfin
Il poursuivit d'une voix altérée :
« De ce séjour, tu me l'as dit, Edvin,
Un long trajet sépare ta contrée.
Aux durs mépris d'une avare pitié
Je ne veux pas que le sort t'abandonne.
Je t'en supplie, Edvin.... je te l'ordonne,
De mon peu d'or emporte la moitié.
— Gardez un bien pour moi trop inutile,
Cœur généreux ! Ah ! vous m'avez appris
Que le malheur, sans subir les mépris,
Peut en chemin rencontrer un asile,
Des soins touchans et des hôtes chéris.
Une richesse et plus noble et plus pure
Est en vos mains. — Parle, et, je te le jure,

Tu l'obtiendras. — Cette écharpe d'un roi,

De votre sang rougie.... — Elle est à toi.

La voici; prends. — Mon père!... O! de ce gage

J'avais besoin pour garder mon courage.

Bénissez-moi. » Sur Alfred à genoux

Le bon vieillard étend ses mains, et prie.

Alfred se lève : « Adieu, séparons-nous,

Il en est temps. Du jour qui vient de naître

Je vois déjà s'agrandir les rayons;

A nos regards Edvitha va paraître....

Dites-lui bien.... C'est elle! Adieu, fuyons. »

Et, s'échappant, au fond de la vallée

Il disparaît. Edvitha désolée,

De son malheur instruite mais trop tard,

Tombe en pleurant sur le sein du vieillard.

Tendre Edvitha! seul avec ton image,

Edvin distrait s'égara tout le jour.

Quand la nuit vint, sous l'humide feuillage
Il s'étendit; et reprit son voyage
Dès que l'aurore aux cieux fut de retour.
Mais, ô surprise! un sentier le ramène
Vers le séjour que la veille il quitta;
Il reconnaît sur la rive prochaine
L'humble cabane où respire Edvitha.
Et cet aspect l'attendrit et l'enchaîne.
Le fleuve ainsi, de détours en détours,
Toujours fuyant et revenant toujours,
Laisse à regret la rive accoutumée,
Où l'aubépine et la rose embaumée
Charmaient ses flots et parfumaient son cours.
Son cours l'appelle au séjour des orages:
Mais en quittant ces bords délicieux,
Le fleuve encor se plaît sous leurs ombrages;
A la prairie, aux parfums, aux rivages
Il semble encor murmurer des adieux.

Edvin s'écrie : « Est-ce un avis suprême
Qui vers ces lieux vient de me rappeler ?
Où vais-je, hélas! L'incertain diadême
Vaut-il le sang qui bientôt doit couler ?
Du toit que j'aime, ah! pourquoi m'exiler?
Cachons mes jours sous le paisible chaume :
Fille d'Olgard! tu les embelliras.
Ces prés, ces bois deviendront mon royaume,
Et mes sujets ne seront point ingrats. »
Disant ces mots, prompt comme la pensée,
Il s'élançait au rivage prochain,
Lorsque d'Ecbert l'écharpe balancée
Frappa ses yeux..... Ce ne fut point en vain.
Son front rougit, incliné vers la terre;
Et jusqu'à l'heure où la nuit solitaire
Revint tomber sur les bois obscurcis,
De son aïeul il vit l'ombre royale,
Qui, d'un pas ferme, à ses pas indécis

Ouvrait la route, et qui par intervalle
Le regardait, en disant : «Sois mon fils.»

FIN DU SECOND CHANT.

ALFRED,

CHANT TROISIÈME.

ALFRED.

CHANT TROISIÈME.

Du beau ramier gémissante compagne,
Que cherches-tu? Sans espoir de retour,
Ton jeune ami délaisse la montagne.
Du toit d'azur qui couronne la tour
Prenant son vol dans un ciel sans orages,
Il n'ira plus aux vallons d'alentour
Te retrouver sous les rians ombrages.
Douce colombe! au moins en ta douleur
Tu ne sais pas quel danger le menace;

5.

Tu ne sais pas quelle imprudente audace
Lui fait braver les rêts de l'oiseleur.

Fille d'Olgard ! tu gémissais comme elle ;
Comme elle en proie à de mortels ennuis,
Dans la longueur et des jours et des nuits,
Tu déplorais une absence cruelle.
Au bord des eaux tu le cherches ; tu crois,
Sous la fraîcheur de la feuille légère,
Entendre encore et ses pas et sa voix :
Non, c'est le bruit de la feuille des bois,
C'est du vallon la biche passagère.

Le soir, assise à côté de son père,
Elle lui dit, et non pas sans rougeur :
« Votre Edvitha doit vous ouvrir son cœur.
J'aimais Edvin, je l'aimais plus qu'un frère...
Mais d'un penchant si fatal et si doux

Edvin jamais ne surprit le mystère ;

Il n'est connu que du ciel et de vous.

— Edvin t'aimait ! — Respectueux et tendre,

Il se taisait, mais par fois un regard

Timidement savait se faire entendre.

— De ton Edvin j'ai pleuré le départ ;

Dans ton Edvin j'eusse embrassé mon gendre ;

Et ton bonheur.... — Mon père, il est trop tard.

A le revoir je n'ose plus prétendre.

Qui sait, hélas ! en sa route égaré ,

Edvin peut-être aux périls est livré.

Ah ! dissipez mon trouble involontaire. ..

Dans la chapelle antique et solitaire ,

Au fond des bois un ange est révéré ;

Des voyageurs c'est l'ange tutélaire.

Allons tous deux le prier pour Edvin ;

Jamais, mon père, on ne le prie en vain.

Pour un seul jour quittons notre ermitage.

— Ton vœu me plaît, et mon cœur le partage, »
Répond Olgard. Et, dès le lendemain,
De la chapelle ils prirent le chemin,
Pour accomplir leur saint pèlerinage.

Alfred, hélas ! a besoin de leurs vœux.
Errant, perdu sous des bois ténébreux,
Des noirs taillis, non sans inquiétude,
Il traversait la morne solitude.
Ses traits pâlis de sueur sont trempés ;
La soif le brûle et la faim le dévore ;
Et les lueurs du perfide phosphore
Loin du sentier guident ses pas trompés.
Le vent mugit dans la cime des chênes ;
Les loups cerviers hurlent ; sur son chemin,
Il les entend, aux cavernes prochaines,
Se disputer quelque ossement humain.
A son oreille incessamment frappée

Dans le lointain se prolongent les cris
De ces corbeaux que sa vaillante épée
Du sang danois a si long-temps nourris.
Durant deux jours, durant deux nuits entières,
Le gland du chêne et l'herbe des bruyères
Du roi proscrit furent le vil repas;
La ronce aiguë et la sanglante épine
Battaient son front, déchiraient sa poitrine:
Vaines douleurs! il ne les sentait pas.
Mais à la fin, triste et l'âme oppressée,
Il suspendit sa marche, et le sommeil
Ferma bientôt sa paupière lassée.
Un songe heureux, consolant sa pensée,
Vint doucement retarder son réveil.
Il lui sembla qu'un fleuve de lumière
Vers l'occident s'élançait à sa voix,
Et de ces bords sans culture et sans lois
Allait percer l'obscurité première.

Il croyait voir, d'avance retracé,

Ce monument de gloire et de sagesse(1),

Savant gymnase, où l'ardente jeunesse

Doit s'abreuver aux sources du passé.

Il retrouvait dans sa magnificence

Cette cité des antiques Romains,

Où de Léon les paternelles mains

L'avaient marqué du sceau de la puissance.

Les orateurs, les sages, les guerriers

Sortaient pour lui de leurs tombes muettes;

En écoutant la lyre des poètes,

Il s'égarait en des bois de lauriers.

Souvent, assis dans la grotte fleurie,

Nouveau Numa près d'une autre Egérie,

Il entendait cette sublime voix

Des immortels qui conseillent les rois,

(1) L'université d'Oxford.

Et recueillait pour sa noble Angleterre
De ces leçons le trésor salutaire.
Bientôt il donne à ses vastes projets
L'appui des lois sagement dispensées;
Monarque et père, il veut voir ses sujets
Libres toujours ainsi que leurs pensées(1).
Les grands soumis, par leurs égaux jugés (2),
Sont tour-à-tour et vengeurs et vengés;
Et, contenu par un pouvoir suprême,
Le peuple, fier de ses droits protégés,
Trouve son juge au sein du peuple même.

Alfred s'éveille; et ce grand avenir
A de ses maux chassé le souvenir.
L'espoir renaît dans son âme accablée.

(1) Mot d'Alfred lui-même dans son testament.
(2) L'institution du jury.

Mais quel aspect pour son regard ravi !

Du roc altier que ses pas ont gravi,

Il aperçoit la plaine et la vallée.

Impatient, il sort de la forêt,

Cherche, et déjà son trouble recommence ;

Quand à ses yeux confusément paraît

De l'ennemi la forteresse immense.

Pourquoi faut-il que ses pas ralentis,

Par la fatigue enfin appesantis,

Secondent mal l'ardeur qui le dévore !

Mais les échos de la roche sonore

A son oreille apportent à-la-fois

Les rauques sons des trompes du Danois,

Et des clameurs plus bruyantes encore.

De quel bonheur Alfred est enivré !

D'un pied rapide il franchit la distance

Qui des Danois le tenait séparé,

Au milieu d'eux passe sans résistance,

Et près d'Ivar a bientôt pénétré.

Du sombre Ivar la fureur vengeresse

Accomplissait sa fatale promesse,

Et deux captifs, dès l'aurore amenés,

Allaient périr au bûcher condamnés.

Vers la colline où repose son frère

Les feux ont lui; le dévorant brasier

Doit consumer et la fille et le père,

Emprisonnés dans l'homicide osier.

Mais la beauté qu'à la flamme on destine

Pourrait d'Ivar charmer le désespoir.....

« Non, dit Ivar, regardant la colline;

Ubba n'est plus, je ne veux point la voir. »

Un serviteur vigilant et sévère

Paraît soudain : « De la terre étrangère

Un inconnu vient d'arriver ici.

— Qu'on le saisisse. — Il a nommé ton père.

— Qu'il reste libre et vienne. — Le voici.

— Ton nom? — Edvin. — Ton pays? — La Scanie.

— Et que veux-tu, jeune barde? — Te voir,

Et de ce luth essayer le pouvoir.

— Qui t'enseigna la divine harmonie?

— Ton père. — Chante, et je vais le savoir. »

Du nom d'un père ô puissance suprême !

Le dur Ivar se sent ému lui-même

Au nom chéri devant lui prononcé.

A ses regards soudain se représente

Du vieux Recner l'attitude imposante,

Quand, tout entier de serpens enlacé,

Il acheva son hymne commencé.

Quelques momens Edvin reste en silence ;

Il se recueille, et, bientôt inspiré,
Confie au luth ce chant non préparé
Qu'Ivar écoute, appuyé sur sa lance :

Le grand Odin me recommande à toi,
Fils de Recner, honneur de sa mémoire !
Je sais un chant qui donne la victoire ;
Recner jadis le répéta pour moi.

Je sais un chant qui soumet à sa loi
Le noir sépulcre et la mort éternelle :
Le corps glacé que par trois fois j'appelle
Se lève, et vient converser avec moi.

Je sais un chant que la fille du roi
Voulut apprendre : elle était jeune et belle ;
Mais ce doux chant qui rend l'amour fidèle,
Je l'ai gardé pour ma sœur et pour moi.

Je sais un chant qui dissipe l'effroi :
Ton père encore à son heure suprême
Le redisait; je le redis moi-même,
Quand les serpens sifflent autour de moi.

Je sais un chant qui sur le front d'un roi
Peut replacer la couronne usurpée ;
Du plus vaillant il fait tomber l'épée.....
Et dès demain tu l'apprendras de moi.

«Ton chant me plaît ; je veux l'entendre encore,
Barde ; et ta bouche a dit la vérité.
La voix des vents dans le chêne agité,
Le bruit lointain de la vague sonore ;
Même l'accent des beautés que j'adore
Ont moins d'attraits pour mon cœur enchanté.
Reste avec nous ; et si la Valkyrie ,
Le doigt tendu , me désignait au fer ,
Pour qu'en riant j'abandonne la vie

Tu me diras la chanson de Recner.

Viens. Tu parais fatigué du voyage.

Dans les longs flots d'un savoureux breuvage

Goûte le suc de nos miels le plus doux.

A ce lait pur joins la hure sauvage

D'un sanglier qui tomba sous mes coups. »

Edvin s'assied. Une chair succulente

A ranimé sa force chancelante.

Le front moins pâle, il se lève. Soudain

Avec transport Ivar saisit sa main :

« Vois-tu d'ici la flamme qui pétille ?

Dans cette flamme un vieillard et sa fille

Avant la nuit termineront leur sort.

Tu chanteras leur cantique de mort.

— Non, dit Edvin ; c'est pour une autre fête,

Ivar, et non pour celle qui s'apprête,

Que je réserve un cantique sacré.

Fils de Recner ! crois un barde inspiré

6.

Un dieu m'a dit, et je viens te redire
Qu'un autre sang en offrande est promis,
Le sang d'Alfred : Alfred encor respire;
Le sort d'Alfred en tes mains est remis.
— Alfred ! Alfred !.... cria d'un ton farouche
L'affreux Ivar, le rire sur la bouche.
— Un dieu l'a dit, reprend Edvin. Souvent
Les dieux du ciel au barde solitaire
Ont révélé les destins de la terre.
Tes yeux dans peu verront Alfred vivant;
Retiens ces mots que ma bouche profère;
Il est vivant; j'en jure par ton père.
— Serait-il vrai? Barde, que m'as-tu dit?
D'étonnement je demeure interdit.
Des prisonniers voués au sacrifice
En ta faveur je suspends le supplice;
J'en jure Odin. Mes scaldes assemblés,
Sous le vieux chêne, à l'heure des ténèbres

Commenceront les mystères funèbres ;

A leurs accens les tiens seront mêlés.

Evoque Alfred ; il t'entendra peut-être. »

Alfred répond : « Dans le combat prochain

Je te promets de le faire apparaître.

Crois-moi : jamais je ne promis en vain.

— Si jusque-là s'élève ta puissance,

S'écrie Ivar, de ma reconnaissance

Je te destine un gage solennel.

Oui, dans ma coupe épuisant l'hydromel,

Tu dormiras sous ma tente dorée ;

Les chants d'amour berceront ton sommeil :

Le lendemain, de la vierge éplorée,

Dont j'ordonnais le mortel appareil,

Tu recevras le baiser du réveil,

Et sa pudeur sera pour moi sacrée. »

Comme il parlait, du soleil qui s'enfuit

Les traits mourans dans l'onde s'affaiblissent.

Scaldes, venez : que les harpes s'unissent

A vos refrains plus tristes que la nuit.

Ils sont rangés autour du chêne immense :

Le rit lugubre au même instant commence ;

Et quatre fois dans les antres du Nord

Mugit le son du bouclier de mort.

Près des faucons la cavale égorgée ,

A la lueur du chêne étincelant ,

Se débattait sur le tertre sanglant :

Dans le sang pur la coupe s'est plongée,

Puis à la ronde elle va circulant.

Des assistans la lèvre s'y colore.

Alfred, prenant la coupe tiéde encore :

« Danois , dit-il , ne réservez qu'à moi

Le chant de mort..... Ivar ! je bois à toi.

Redis tout bas les paroles sacrées (1);
Rien ne résiste à leurs charmes puissans.
Scaldes! touchez les cordes inspirées,
Et qu'à ma voix répondent vos accens.

ALFRED.

Scaldes, chantez! Sur l'autel du carnage
Est attendu l'aigle tombé des cieux :
Assez long-temps au fond du marécage
Il a caché les éclairs de ses yeux.

LES SCALDES.

Périsse Alfred, s'il est vivant encore !
Et, rassemblés près du chêne brûlant,
Puissions-nous tous à la troisième aurore
Nous abreuver dans son crâne sanglant !

(1) Les *mots runiques*, langage mystérieux enseigné
par Odin, et ignoré du vulgaire.

ALFRED.

Scaldes, chantez ! pressez l'heure fatale :
L'aigle insultant se rit de vos lenteurs.
Attendrez-vous que son aile royale
Renverse autel et sacrificateurs ?

LES SCALDES.

Périsse Alfred, s'il est vivant encore !
Et, rassemblés près du chêne brûlant,
Puissions-nous tous à la troisième aurore
Nous abreuver dans son crâne sanglant !

ALFRED.

Scaldes, chantez ! Et toi, saisis le glaive,
Car de tes mains l'aigle peut s'échapper ;
Il est tombé : tremble, s'il se relève !....
Plus redoûtable, il viendra te frapper.

LES SCALDES.

Périsse Alfred, s'il est vivant encore !
Et, rassemblés près du chêne brûlant,
Puissions-nous tous à la troisième aurore
Nous abreuver dans son crâne sanglant !

Du chant de mort telle était l'harmonie ;
Et, poursuivant sa tranquille ironie,
Au son du luth Alfred, le front serein,
Accompagnait leur atroce refrain.

FIN DU TROISIEME CHANT.

ALFRED,

CHANT QUATRIÈME.

ALFRED.

CHANT QUATRIEME.

« N'en doutez pas, c'est lui, c'est lui, mon père !
J'ai de son luth reconnu la douceur.
C'était sa voix : cette voix toujours chère
A retenti jusqu'au fond de mon cœur.
— Y songes-tu, ma fille ? Quel prodige
L'eût amené dans ce séjour d'effroi ?
— C'est lui, mon père ! — Il maudissait son roi ;
Le pourrait-il ? Détrompe-toi, te dis-je. »

Dans une tour, sur le tertre voisin,
Ainsi parlait à sa fille éperdue
Le vieux Saxon, dont la mort suspendue....
C'était Olgard, et l'amante d'Edvin.

Mais la nuit règne, et les autans mugissent ;
Au camp danois cependant retentissent
Les jeux bruyans, les ris désordonnés,
L'aigre dispute et les cris forcenés.
L'affreuse Orgie et la Débauche immonde,
La coupe en main, circulent à la ronde.
Le frêne antique et les chênes altiers
Roulent, brisés, dans la flamme éclatante,
Fournaise immense, où des bœufs tout entiers
Tombe à grand bruit la masse palpitante.
La flamme à peine a coloré leurs flancs,
Que par lambeaux leur chair est arrachée,
Et que leurs os dont la terre est jonchée

Loin du festin roulent, noirs et brûlans.
De tous côtés les coupes étincellent ;
De tous côtés les breuvages ruissellent ;
Et les soldats, près des foyers ardens,
Hurlent en chœur des refrains discordans.

Parmi les chefs assemblés sous sa tente,
Le sombre Ivar de moment en moment,
D'un air distrait, verse et boit froidement
Et l'hydromel et la bierre écumante.
Au vieux Recner il songeait, et son œil
Cherchait le barde assis non loin du seuil :
« Approche, Edvin ; parle-moi de mon père
Ainsi qu'à moi sa mémoire t'est chère ;
Buvons à lui : remplis la coupe d'or,
Et vide-la pour la remplir encor. »
L'instant d'après, frémissant de colère,
Ivar se lève, et, déjà chancelant :

« Ta coupe, Edvin ! Bois au trépas sanglant
Du meurtrier qui m'a privé d'un frère.
— Arrête, Ivar. Le luth mélodieux
Ne s'unit point à la coupe d'ivresse ;
Le barde austère a besoin de sagesse :
Sobre ici-bas, je boirai chez les dieux. »

D'Ivar pensif le front alors s'abaisse ;
D'une voix sombre il prononce ces mots :
« Fidèle Ubba, l'ami de ma jeunesse,
Qui partageais mes plaisirs et mes maux !
Tu n'es plus là. Dans l'amère tristesse,
Le cœur d'Ivar lentement se flétrit ;
Le plus doux miel sur mes lèvres s'aigrit. »
Et sa fureur tout-à-coup se ranime :
« Ouvre la tour, impétueux Rismar !
Amène-moi l'une et l'autre victime ;
Je veux les voir. — Que vas-tu faire, Ivar ?

S'écrie Edvin. Songe à la foi jurée.

— Oui. Ma parole en tout temps fut sacrée :

Songe à la tienne, Edvin. — Rassure-toi.

A sa promesse Edvin sera fidèle.

Demain, aux feux de l'aurore nouvelle,

Alfred ici doit paraître avec moi. »

Il dit. Rismar, sous la tente guerrière,

Au chef danois amène brusquement

Le vieux captif, la jeune prisonnière.....

Edvin recule. Un cri d'étonnement

Va le trahir ; mais la fille et le père,

Déguisant mieux leur trouble et leur effroi,

Gardent tous deux un visage sévère.

« Où t'ai-je vu, jeune barde ? et pourquoi

Cette surprise..... — Hélas ! pardonnez-moi,

Noble vieillard, et vous, belle étrangère,

Un doux prestige avait trompé mon cœur ;

J'ai cru revoir et mon père et ma sœur.

— Jusqu'à demain sous la prochaine tente
Vous resterez, gardés par mes soldats,
Captifs ! Demain, la vie ou le trépas.
Malheur à vous, s'il trahit mon attente !
— Malheur à moi plutôt !.... reprend Edvin.
Infortunés, comptez sur moi ; j'espère
Qu'en vous ici je n'aurai pas en vain
Revu ma sœur et retrouvé mon père.
— Prends, dit Ivar, prends ton luth inspiré.
Les fiers accords plaisent au Scandinave ;
Va, dans ce camp au tumulte livré,
A mes guerriers chanter l'hymne du brave ;
Tu me réponds d'eux tous. — Sois sûr de moi.
Je te l'ai dit, Ivar, tu peux m'en croire,
Je sais un chant qui donne la victoire,
Je sais un chant qui dissipe l'effroi. »
Soudain il part ; dans sa marche discrète
Observant tout, les passages ouverts,

Les feux éteints, et les postes déserts.
Là, dérobant son approche secrète,
Il entrera par des chemins couverts ;
Là, des Danois prévenant la retraite,
Il leur destine ou la mort ou les fers.
Tout est prévu, tout est dans sa pensée,
Et sa victoire est déjà commencée.
Prudent, il chante ; et les Danois ravis
Prêtent l'oreille à ces trompeurs avis :

Buvez, buvez, en attendant l'aurore ;
Qu'elle vous trouve au milieu des festins.
Buvez, buvez : le jour est loin encore,
Et les brasiers ne se sont pas éteints.

Chantez, chantez ; que votre voix sonore
Frappe l'écho des rivages lointains.
Chantez, chantez : le jour est loin encore,
Et les brasiers ne se sont pas éteints.

Dormez, dormez ; en attendant l'aurore,
Rêvez la gloire et les futurs destins.
Dormez, dormez : le jour est loin encore,
Et les brasiers ne se sont pas éteints.

Mais un Danois l'observait en silence :
« Pourquoi ce luth ? il sied mal à ta main,
Barde ; et mes yeux t'ont vu porter la lance. »
Il dit, se lève ; Alfred suit son chemin.

« Ivar ! Ivar ! sais-tu qui tout-à-l'heure
Dans notre camp chantait l'hymne au guerrier ?
—Sans doute. Eh bien?—Ou qu'à l'instant je meure,
Ou c'est d'Ubba le fatal meurtrier.
— De tes discours la raison est bannie.
Quoi ! sous les coups d'un chanteur de Scanie,
De qui la main n'a point touché le fer,
Ubba, l'honneur de la Scandinavie,

Le fier Ubba, le fils du grand Recner,
Aurait perdu sa généreuse vie !
Pour sa mémoire as-tu tant de mépris?....
Trop de breuvage a troublé tes esprits ;
Va sommeiller. — Je vis périr ton frère :
J'ai reconnu...... — Cesse , ou crains ma colère. »
Le Scandinave, à cet ordre soumis ,
S'éloigne ; Edvin, dans la nuit ténébreuse,
Passe au milieu des gardes endormis ,
Et librement poursuit sa marche heureuse
Vers la forêt où veillent ses amis.

Dévon alors redoublait l'énergie
De ses soldats autour de lui rangés.
Ce n'était point la turbulente orgie,
Les chants impurs et les cris prolongés
De ces Danois dans l'ivresse plongés ;
Mais une troupe aux combats toujours prête,

Qui, repoussant les douceurs du sommeil,
Debout, se plaint de la nuit qui l'arrête,
Et, tout armée, appelle le soleil.

Au vaste sein de la forêt obscure,
S'ouvre, et s'étend un cirque sans mesure,
Désert sauvage, et dont les pas humains
Ont rarement fréquenté les chemins.
Inébranlable, un majestueux chêne,
Seul, se balance au milieu de la plaine,
En vain battu des tempêtes du Nord.
Tel un héros, seul avec son courage,
Résiste seul aux efforts de l'orage,
Et sans plier soutient les coups du sort.
Sur ce rameau le grand Alfred lui-même,
Partant, hélas ! incertain du retour,
Vint tristement poser son diadème,
Et s'enfonça dans les bois d'alentour.

Dévon, au pied de l'arbre solitaire,
A la clarté des flambeaux pétillans,
Avait conduit les chefs les plus vaillans.
Il leur disait : «Soutiens de l'Angleterre!
De vous dépend le destin de la guerre.
Jadis Alfred vous guidait aux exploits;
Vengez Alfred, ou du moins sa mémoire,
Et que son nom, gage de la victoire,
Porte la mort dans le camp du Danois.
Ces feux épars, cette nuit, ce silence,
Ce chêne altier qui dans l'air se balance,
Ces ornemens suspendus sur nos fronts,
Et qui d'Alfred rappellent les affronts,
Tout semble ici nous parler de vengeance.
Vengeons Alfred ! Eh ! que diriez-vous tous
Si du tombeau sa grande ombre échappée,
Sous ce feuillage, aux lueurs de l'épée,
Apparaissait pour combattre avec nous? »

8

A cette image, au saint nom de leur maître,
Tous répétaient : « Puisse-t-il apparaître !
— Braves amis ! Alfred est devant vous, »
Dit le héros : et la troupe étonnée
Tressaille, et tombe à ses pieds prosternée,
En s'écriant : « Mânes chers et proscrits !
Dans la nuit sombre entendiez-vous nos cris?
— Alfred vous parle, et non son vain fantôme;
Je suis vivant : sur les brigands du Nord
J'aurai demain reconquis mon royaume.
Je suis vivant : le Danois seul est mort. »

Tandis qu'Alfred embrasse avec tendresse
Le digne ami qui protégea son sort,
Autour du chêne une foule s'empresse;
Et, sous vingt bras courbé non sans effort,
Un vert rameau de la tige robuste
Au front royal rend la couronne auguste.

En même temps éclatent dans les airs
Les glaives nus, les enseignes dorées ;
Les boucliers, les lances acérées
Ont confondu leur bruit et leurs éclairs.
Les cris joyeux et les chansons de gloire
A cette fête invitent la victoire ;
Elle y viendra : pour elle est déployé
Le vieux drapeau si long-temps oublié,
Dont les replis enferment l'épouvante.
Sur le tissu respire un coursier blanc,
Qui, l'œil en feu, la crinière mouvante,
Souffle la guerre et provoque le sang.

Couvert bientôt d'une armure nouvelle,
Le grand Alfred a gardé toutefois
La noble écharpe, et l'instrument fidèle
Dont les accords se mêlaient à sa voix :
Et sur ses pas l'impétueuse élite

Au camp danois vole et se précipite.

Durant sa route il compte les momens :

L'affreux bûcher, la hache suspendue

Semblent présents à son âme éperdue.

« Eloignez-vous, tristes pressentimens !

Se disait-il ; le lien des sermens,

Lien sacré pour la Scandinavie,

Retient d'Ivar la fureur asservie ;

Ivar lui-même, à l'aspect de la mort,

De ses captifs abandonnant le sort,

Ne songera qu'à défendre sa vie.

A mon exil toi qui vins m'arracher,

Dieu protecteur ! que ta bonté suprême

Brise le glaive, éteigne le bûcher !

Veiller sur eux, c'est veiller sur moi-même. »

Mais sous sa tente Ivar préoccupé

D'un trouble extrême est tout-à-coup frappé :

« Le jeune barde est lent à reparaître !

S'il m'abusait ! Si le guerrier danois....

Cet inconnu ne serait-il qu'un traître ?

Et ces captifs qu'il semblait reconnaître ?

Et son maintien, et ses yeux, et sa voix ?....

Serait-il vrai qu'en un perfide piége....

Eclaircissons le doute qui m'assiége. »

Et s'élançant vers les deux prisonniers :

« Répondez-moi ; parlez sans imposture,

Et prévenez l'effroyable torture

Qui vous attend sur les ardens brasiers.

— La vérité sur mes lèvres réside,

Répond Olgard ; je la dis sans trembler.

Un seul instant j'ai pu dissimuler,

Et j'en rougis. — Tu connais le perfide

Qui dans ces lieux est venu sur tes pas ?

Dis. — A ce nom je ne le connais pas.

— Ce jeune barde, est-ce Edvin qu'il s'appelle ?

— Oui. — D'où vient-il? — De mon humble séjour.

Hier pour lui, dès le lever du jour,

Nous cheminions vers l'antique chapelle;

Au bord lointain, pour lui notre ferveur

Allait du ciel implorer la faveur,

Quand un ramas de brigands scandinaves

Vint nous surprendre et nous fit tes esclaves.

— Et cet Edvin, quand doit-il revenir?

— Demain, cruel, armé pour te punir.

— Qu'oses-tu dire, étranger téméraire?

Quoi! ce chanteur.... — Il a tué ton frère,

Et chez les morts il va vous réunir. »

Ivar frémit; la rage le consume :

« Courez, soldats! que le bûcher s'allume,

Et qu'à l'instant ces captifs abhorrés

Au sein des feux expirent dévorés.

Du vaste camp parcourez l'étendue;

Que l'insolent soit saisi!.... Malheureux,

Tu m'appartiens, et la mort qui t'est due
Consolera mon désespoir affreux. »
Comme il parlait, un bruit confus s'élève ;
Il voit dans l'ombre étinceler le glaive,
Frappe son front, et crie à ses soldats :
« Je suis trahi ; mais frémisse le traître !
Vous, des captifs ne vous éloignez pas ;
Vous, redoublez les feux ; bientôt peut-être
Je reviendrai jouir de leur trépas. »
Il est parti. Déjà, sur son passage,
Au bruit du cor ses Danois réveillés
Sont accourus avec des cris de rage,
Ivres encore, et d'armes dépouillés.
Des longs débris de l'orgie infernale
Que sur leurs pas la terre encore étale
Ils sont armés : les hideux ossemens,
Du front des bœufs l'armure menaçante,
La coupe énorme et les tisons fumans,

Tout sert de glaive à leur main frémissante.

A pas pressés Tremnor, Usdal, Rismar

Suivent de loin l'audacieux Ivar :

Ivar, hurlant, court à travers la plaine :

Sans s'arrêter, il renverse, il entraîne,

Ouvre les rangs, abat les étendards ;

Du large glaive et de la double hache

Il perce, il tranche, il brise, et sans relâche

Au même instant frappe de toutes parts.

De toutes parts les hordes scandinaves,

Parmi les rangs des Saxons étonnés

Ont répandu leurs flots désordonnés :

Tel un volcan précipite ses laves

Du haut des monts par ses feux sillonnés.

A leurs efforts, un moment redoutables,

A leur audace et sans règle et sans frein

Bientôt Alfred oppose un mur d'airain.

Ses bataillons, serrés, impénétrables,

Autour de lui viennent se rallier ;
Et des Danois l'attaque repoussée
Faiblit, pareille à la flèche émoussée,
Qui d'un vain bruit frappa le bouclier.

Devant ses pas, Alfred voit sur la terre
Morts et mourans au loin s'amonceler,
Et frémissant des horreurs de la guerre :
« Le sang d'un seul, dit-il, pouvait couler.
Superbe Ivar ! où donc est ton audace ?
A t'appeler j'ai fatigué ma voix.
De te chercher une dernière fois
Je daignerai te faire encor la grâce. »
Et dans la foule il court se replonger.
Dévon le suit, et bientôt le devance :
A son monarque épargner un danger,
Combattre Ivar, telle est son espérance.

Tandis qu'Alfred, du haut d'un roc voisin,

A son appel entend répondre enfin,

Parmi les rangs le Danois intrépide

Court furieux : « Qui m'appelle ? — C'est moi.

— Qui donc ? — Dévon. Arrête, et défends-toi. »

Et de leurs coups un échange rapide

Au même instant fait scintiller dans l'air

Du fer croisé l'étincelant éclair.

Le cimeterre à la pointe luisante,

Aux deux tranchans récemment aiguisés,

Trahit d'Ivar les efforts épuisés ;

Il se saisit de sa hache pesante :

Soin superflu ! Par Dévon assailli,

Il pare en vain l'atteinte de l'épée ;

Deux fois déjà son sang a rejailli,

Et sa cuirasse en est toute trempée.

Dans le passage ouvert avec effort

Au sein durci de la cuirasse épaisse,

L'ami d'Alfred espère avec adresse

Plonger ensemble et le fer et la mort :

Ivar recule et trompe son attente ;

Son fer se rompt sur l'armure éclatante.

Ivar joyeux triomphe..... Alfred paraît,

Baisse son casque, et lui dit : « Es-tu prêt? »

A cette voix, que pourtant il déguise,

A cette taille, à ce port de héros,

Le Scandinave est saisi de surprise.

« As-tu besoin d'un instant de repos ?

Lui dit Alfred, je te l'accorde — Guerre !

Répond Ivar, du pied frappant la terre,

Et par ces mots se croyant offensé.

Vois si mes coups partent d'un bras lassé. »

En même temps, plus prompt que la tempête,

D'Alfred tranquille en fureur s'approchant,

Sur le cimier qui décore sa tête

Il fait tomber le rapide tranchant.

Le haut cimier à la crête dorée,

Brisé sans peine, a tournoyé dans l'air ;

Mais le tranchant, repoussé par le fer,

Glisse en sifflant sur l'épaule effleurée.

Alfred échappe à l'effort meurtrier ;

Il y répond d'un coup épouvantable,

Que, sans l'airain de l'épais baudrier,

Aurait suivi la mort inévitable.

Le chef danois vomit des flots de sang,

Et fuit.... Alfred s'attache à sa poursuite.

Tremnor d'Ivar veut protéger la fuite,

Mais de Tremnor Alfred ouvre le flanc.

Rismar frappé tombe. Levant la lance,

Usdal en vain leur promet la vengeance ;

Et tous les trois atteints du même fer....

Pleurez, pleurez, ô filles de Recner !

Dieu ! les voici. La tête échevelée,

Le front livide, au fort de la mêlée,

De trois coursiers plus blancs que les frimas

Leurs cris aigus précipitent les pas,

Les pas sanglans.... Hélas ! que faisaient-elles ?

Sans le savoir ces amantes cruelles

Ont, sous les pieds de leurs coursiers fumans,

Foulé le corps de leurs pâles amans.

De ces trois sœurs l'approche inattendue,

Leurs noirs cheveux, leurs cris, leur main tendue,

Leurs blancs coursiers aussi prompts que l'éclair

Jettent l'effroi dans la foule éperdue;

Les fils d'Odin, laissant tomber le fer,

Poussent des cris et détournent la vue.

Ils croyaient voir les trois parques du Nord,

Quittant pour eux la demeure éternelle,

Paraître ensemble, et du signe de mort

Les désigner pour leur moisson cruelle.

9

Alfred accourt, Alfred habilement
Sait profiter de leur saisissement;
Autour de lui la mort se multiplie;
Rapide, il fond sur la troupe qui plie,
L'enfonce; et seul, d'ennemis entouré,
Prend de ses mains leur étendard sacré..
Pour lui dès-lors la victoire est certaine;
Les sœurs d'Ivar, en frissonnant d'horreur,
Ont regagné leur caverne lointaine;
Et les Danois, vaincus par la terreur,
D'un dernier cri font retentir la plaine.

Le fier Ivar, à la fuite réduit,
Rugit de rage et vomit le blasphême.
De sa défaite il accuse et la nuit,
Et les Danois, et ses sœurs, et lui-même:
« Oui, disait-il, j'ai mérité mon sort.
Apaise-toi, fantôme de mon frère!

Il brûle encor, le bûcher funéraire !

Apaise-toi, je vais venger ta mort. »

Alors il court vers la tente voisine

Que le bûcher de sa flamme illumine;

Ses fortes mains saisissent à la fois

Et le vieillard et sa fille tremblante;

Et les traînant vers la roche brûlante :

«Sors de la tombe, ô mon frère ! et reçois

Ce sacrifice à ton ombre sanglante.

—Edvin ! Edvin ! mon père va mourir;

Ah ! si jamais sa fille te fut chère,

Laisseras-tu sacrifier mon père?

— Non, crie Edvin, je viens vous secourir.

Parjure Ivar ! tombe devant ton maître.»

Et sous ses pieds, renversé sans combat,

Ivar confus vainement se débat.

«Du barde Edvin il te souvient peut-être?

Pour te payer de l'hospitalité,

De son serment Edvin est acquitté.
Il t'a promis de te faire apparaître,
Alfred vivant... Sois satisfait; c'est moi:
Reçois de moi la vie, et lève-toi. »
En même temps il détourne son glaive,
Et lentement le Danois se relève.
Au nom d'Alfred, le vieil Olgard surpris
Croit qu'un vain songe a troublé ses esprits.
Il veut parler, et sa parole expire.
A ses côtés son Edvitha soupire.
Elle compare (et non pas sans effroi)
Le nom de prince et le nom de bergère,
Et dans Edvin, qu'elle appelait son frère,
Gémit tout bas de retrouver son roi.
Tandis qu'Alfred les contemple en silence,
Ivar lui dit : « Perce-moi de ta lance ;
Délivre-moi du jour. — Moi, t'immoler!
Non, tu vivras ; je veux te consoler

Je te rendrai le glaive, la puissance,
Le bonheur même. — Hélas ! me rendra-t-on
De mes travaux le brave compagnon?
J'ai tout perdu, tout jusqu'à la vengeance.
Mais dis : mon frère est-il mort sous tes yeux?
—Oui, sous mes yeux.—Comment?—Calme et farouche.
— Est-ce là tout? — Le rire sur la bouche.
—Je suis content : mon frère est chez les dieux. »
La sombre joie a passé dans son âme;
Son front est calme et son sourire amer :
Au sein des feux il s'élance, et la flamme
Ensevelit l'héritier de Reener.

De cette scène imprévue et cruelle
Alfred ému se détourne; ses yeux
Cherchent Dévon : « Ami brave et fidèle,
Viens recevoir ce fer victorieux,
Trop faible prix de ton généreux zèle. »

9.

Il ajouta : « Je vous délivre tous ,
Danois, vos fils béniront ma mémoire ;
Votre vainqueur entre son peuple et vous
Partagera son vaste territoire.
Pour le vrai Dieu, l'unique Dieu, le mien,
Vous quitterez l'aveugle idolâtrie;
Et sur vos fronts le signe du chrétien
Vous ouvrira la céleste patrie.
Londres bientôt reconnaîtra son roi :
Vous m'y suivrez ; et les Danois fidèles,
Soumis sans honte, et libres sous ma loi,
A mes sujets serviront de modèles. »
Il parle encor ; leur cri de liberté
Frappe déjà la plaine et le rivage ;
Et de leurs mains sur un tertre sauvage
Le grand Alfred en triomphe est porté.
Le vieil Olgard tombe aux pieds de son maître.
« Vous à mes pieds ! Ah ! venez sur mon cœur.

Je suis Edvin, et je veux toujours l'être ;

Soyez mon père, Olgard ! A mon bonheur

Il manque un bien dont mon âme est jalouse :

Sous la chaumière Edvitha fut ma sœur,

Que sur le trône elle soit mon épouse. »

Le front d'Olgard de rougeur s'est couvert,

Tant le confond une faveur si grande !

Alfred alors : «Sais-tu, soldat d'Ecbert,

Que par ma voix Ecbert te la demande?

Sais-tu, vieillard, qu'un soldat tel que toi

Peut honorer la famille d'un roi ? »

L'heureux Olgard s'incline; et de son père

Alfred obtient la main de la bergère;

Et, la guidant vers le tertre isolé,

Il la présente à ce peuple assemblé :

« Dignes Saxons ! valeureux Scandinaves !

Leur a-t-il dit, reconnaissez-la tous,

C'est votre reine ; elle est digne de vous,

Et la beauté doit régner sur les braves. »

A ces accens, qui font battre son cœur,

La jeune reine, encor simple et timide,

Ne répond rien, mais lève avec lenteur

Son doux regard et sa paupière humide,

Pour contempler ce roi qui fut pasteur.

Alfred, assis au trône d'Angleterre,

Songeait souvent à l'île solitaire.

De chaque année il consacrait dix jours

A visiter cette modeste plage.

Son Edvitha l'accompagnait toujours.

Olgard long-temps, malgré le poids de l'âge,

Suivit leurs pas ; et son toit protégé

Fut désormais en chapelle érigé.

En lettres d'or, sur un autel d'albâtre,

On y grava le nom des deux époux ;
Et le saint lieu, conservé jusqu'à nous,
Se nomme encor la Chapelle du pâtre.

FIN DU QUATRIÈME ET DERNIER CHANT.

NOTES.

NOTES.

Page 12, vers 10 et suiv.

Libre au milieu de l'Angleterre esclave,
Une île étroite, et ceinte de roseaux
Qu'un double fleuve abreuvait de ses eaux,
Se dérobait à l'œil du Scandinave.

L'ILE d'Athelney (*Insula Nobilium*), formée par les rivières de Paret et de Thonne, avait échappé à l'invasion des Danois, qui, maîtres du Northumberland, ravageaient toute la province de West-Sex.

« Les Danois, dit Speed, fondaient sur le

pays étrangers, où ils inspiraient autant de terreur que l'épée qui sort du fourreau, ou que la
mer irritée qui franchit ses rivages, et qui désole
les pays qu'elle inonde.» Si la forme est ici un peu
trop poétique, le fond n'en est pas moins vrai.

Page 12, vers 14.

Là demeurait un vieux soldat d'Ecbert.

Il m'a semblé plus dramatique de faire du
berger, chez qui Alfred s'était réfugié, un ancien
soldat du fameux Ecbert, dont Alfred était le
petit-fils

Page 15, vers 16.

Olgard un jour lui dit : Ton luth sommeille.

Ce luth, que d'autres ont appelé une harpe,

était une sorte de lyre ou plutôt de violon à quatre cordes, tendues avec quatre chevilles, qui se trouvaient horizontalement placées à l'extrémité du manche.

Page 16, vers 4 et suiv.

Précipitant sa cadence plus vive,
Il veut chanter l'hymne de la valeur;
C'est vainement, et la note plaintive
Revient toujours soupirer la douleur.

Cette forme, imitée de la première ode d'Anacréon, a été reproduite, de la manière suivante, dans un poëme anglais moderne très-intéressant, *la Dame du Lac*, par M. Walter Scott :

Alas ! than mine a mightier hand
Has tuned my harp, my strings has spanned;
I touch the chords of joy, but low
And mournful answer notes of woe;
And the proud march which victors tread,
Sinks in the wailing for the dead.

M. Walter Scott, auteur de plusieurs poëmes du même genre, tels que *Marmion, le Lai du Ménestrel*, etc., n'est pas le seul poète dont s'honore, de nos jours, la littérature anglaise. On cite avec éloge les ouvrages de lord Baron, de MM. Campbell, Moore, et plusieurs autres.

Page 22, vers 4.

Et toi, Dévon, espoir de ma misère,
Dans ce désert m'as-tu donc oublié ?

Le comte de Dévon, ami d'Alfred, connaissait lieu de sa retraite, et devait lui envoyer un anneau d'or, signal du retour. En attendant, il rassemblait les Saxons dans la forêt de Sellwood, à l'extrémité du comté de Sommerset.

Page 24, vers 7.

De Sommerset la forêt solitaire.

J'ai été forcé de substituer ici le nom générique

du comté au nom plus particulier de Sellwood,
qu'il était difficile de placer dans un vers.

Page 27, vers 14.

Le fier Ubba voit sa vie épargnée ;
Il s'en indigne.

Lorsqu'un ennemi forçait un guerrier scandinave à recevoir la vie, l'autre regardait cet affront
comme plus odieux que la mort même. Une situa-
tion qui a quelque chose de semblable, mais dont
les détails sont beaucoup plus touchans, se trouve
développée avec profondeur dans un petit poëme
de M. Victorin Fabre, intitulé *Lémor*. Harcelé,
sans cesse par l'orgueil outragé de Morna, qui ex-
cite Lémor contre Selgar son ami, le malheureux
Lémor ne prononce que ces mots :

Je combattrai, cours préparer ma tombe.

Les tristes détails de ce combat, où deux

amis s'épargnent, me semblent peintes admira-
blement :

Dans les champs de Morni nos lances s'élevèrent,
          Nos glaives se croisèrent ;
Nos glaives cependant évitaient de blesser.
Rapides, mais toujours à l'amitié fidèles,
En s'éloignant du sein qu'ils craignent de percer,
Ils font jaillir dans l'air de vaines étincelles,
De nos casques à peine effleurent le cimier,
Ou tombent sans offense au bord du bouclier.

Mais la voix de l'impérieuse Morna se fait entendre de nouveau ; elle est vengée, et Lémor
reprend son récit déplorable :

Depuis ce jour fatal, souillé du fratricide,
Malheureuse est la main de Lémor homicide.
L'ennemi d'Inhistore a traversé les flots.
J'ai combattu : le sort a trahi mes héros ;
Leurs mânes gémissans ont accusé mon crime :
Du forfait de son prince innocente victime,
A peine un faible reste a fui dans les déserts.

L'étranger peuplera nos villes solitaires ;
Nos femmes, nos enfans languissent dans ses fers ;
Il s'est assis vainqueur au tombeau de mes pères !
Et l'insolent orgueil des harpes étrangères
Dans mon palais sanglant insulte à mes revers.

Ma gloire est morte : et moi, dans ce rocher sauvage,
Je mêlerai ma plainte au murmure des vents,
Jusqu'au temps où mon Ombre, errant sur le nuage,
Dérobera sa honte aux regards des vivans.
Et toi, belle Iona, belle et toujours chérie,
En vain tes yeux charmans, de regrets consumés,
Sur l'herbe de la plaine, encor rouge et flétrie,
Cherchent au loin mes pas dans le sang imprimés.
Tu m'attends, l'œil en pleurs ! Pleure, et cesse d'attendre.

Il s'arrête, et gémit. Ce souvenir si tendre
Calme de ses transports la sauvage fureur.
Il embrasse, en pleurant, l'ami de son malheur.
« Fédor, dit-il, témoin de ces larmes cruelles,
« A mon fils, gémissant sous le joug du vainqueur,
« Garde-toi de porter les armes paternelles ;
« J'ai fui ». Son cœur se serre ; et sa bouche, à ces mots,
Se refuse à la plainte, et se ferme aux sanglots,

Cinq fois, depuis ce jour, l'étoile radieuse
Avait blanchi les flots de paisibles lueurs;
Et la fraîcheur des flots, l'ombre silencieuse
N'avaient point de Lémor assoupi les douleurs.
Mais la sixième nuit, à l'heure où, sur les fleurs,
Descend, légère et douce, une humide rosée,
Le repos descendit dans son âme apaisée:
Calme, il ferma les yeux sur le sein de Fédor.
Il ne les rouvrit point à l'aube matinale.
Et quand de ses vapeurs la mer occidentale
Du soleil affaibli voila le disque d'or,
Sa paupière immobile était fermée encor.

Sous le chêne vieilli, près des vagues profondes,
Maintenant il repose, il dort au bruit des ondes.
Et souvent le nocher qui vogue sur ces mers,
A travers le nuage et la brume des airs
Aperçoit, au penchant de la côte rustique,
La pierre de sa tombe, et sur la pierre antique
Sa lance et son carquois par la ronce couverts.

Toute cette fin me paraît pleine de charme;
elle se distingue surtout par sa teinte profon-
dément élégiaque, et par un heureux choix de

circonstances mélancoliques , habilement gra-
duées.

Page 28, vers 13.

Le Danois rit, et meurt.

Mourir en riant était une sorte de point d'honneur chez les Danois.

Un poëte, dont les lettres et l'amitié doivent
pleurer long-temps la perte, M. de Parny, dans
Isnel et Asléga, poëme charmant et trop peu cité,
a imité du scandinave les vers suivans, où cette
coutume est rappelée :

> Le même jour il vit sur la colline
> L'acier briller : au combat il courut.
> Le premier trait atteignit sa poitrine ;
> Il fut percé, tomba, rit et mourut.

Page 32, vers 12.

Il pense au jour de victoire et de fête,
Où tout ensemble et monarque et soldat,
Poudreux encor de son dernier combat,
Du diadème il vit ceindre sa tête.

Alfred monta sur le trône, à Winchester, en 871, après une victoire qui avait ranimé l'espérance et le courage des Saxons.

Page 32, vers 17.

Quand de l'Etat les plus fermes colonnes
Tombaient sans lui sous l'effort des Danois;
Quand à leur joug il déroba sept fois
Son front chargé du poids des sept couronnes.

Echert avait réuni sous son autorité les sept royaumes de l'heptarchie. Alfred, à qui ce fardeau était imposé, eut à les défendre contre les

Danois dans sept combats , parmi lesquels il faut
compter la célèbre bataille de Vilton.

Page 33, vers 14.

Triste, et les bras croisés sur sa poitrine,
Loin des guerriers Ivar alla s'asseoir.

Ivar est triste ; il se tient à l'écart, mais il ne
verse pas une larme. Je me suis souvenu que les
Danois regardaient comme une faiblesse de pleurer leurs amis et leurs parens les plus chers.

Page 34, vers 1.

Le scalde alors chanta.....

« Les scaldes (1) transmettaient les actions
d'éclat à la postérité, et leurs chants furent long-
temps les seules chroniques de la Norwége, de la

(1) Ce passage est extrait de *la Gaule Poétique:*

Suède et du Danemarck. Ils suivaient les héros au combat, afin de voir par leurs propres yeux ce qu'ils devaient raconter(1). Le roi Olaf Tryguason dit, en donnant le signal d'une grande bataille : « Arbitres de la gloire, vous qui la partagez en la « célébrant, vous ne chanterez point ce soir ce « que vous aurez entendu, mais ce que vous- « mêmes aurez vu ».

« Durant les marches des guerriers dans les camps et dans la mêlée, et surtout dans les expéditions maritimes, résonnait toujours la voix des scaldes. Le matin du jour qui éclaira la bataille de *Stilastad*, trois scaldes éveillèrent le camp au son de la harpe, et *Thormod*, l'un d'eux, fit en-

---

M. de Marchangy a bien voulu enrichir les notes de mon poëme, en détachant de son intéressant ouvrage plusieurs morceaux où l'on retrouvera tout à la fois la preuve de son talent et un tableau fidèle des mœurs du Nord.

(1) Worm., Fast. Dan., l. 1, c. 6. — Loccenius, Antiq. Sveogoth., l. 11, c. 15. — Koler, Dissert. de Scaldis, p. 6.

tendre ces paroles , que les autres accompagnaient en imitant le bruit sourd des forêts et des flots avant la tempête :

« Le jour va luire, enfant des braves, et le « moment de nos travaux approche. Levez-vous, « compagnons ; que votre bravoure prévienne la « voix des chefs, et vous montre à l'aurore, fou- « lant la bruyère de ces collines , couverts de l'a- « cier des combats. Toi, vaillant *Evard*, dont « l'épée fait de si larges plaies ; toi, *Germanor*, « dont l'arc est si terrible ; vous tous , ô mes hé- « ros! vous qu'on ne vit jamais fuir ou céder ; « écoutez les paroles de *Thermod.* Ce n'est point « à la chasse du cerf timide ; ce n'est point aux « banquets , ni aux délices de l'amour, que sa « voix vous convie aujourd'hui , mais au choc « des boucliers et des lances , mais au carnage, à « la mort , ou plutôt à l'immortalité» (1).

« Ces poètes remplissaient aussi des fonctions pacifiques, soit qu'ils instruisissent la jeunesse ,

_____

(1) Snorro, Olafs Helges Saga, c. 220. — Stephan., Notæ ad Sax. Gram., p. 82.

ou qu'initiés aux mystères de la religion, leur chant ajoutât à ses pompes ; soit que, médiateurs entre les rois et les familles divisées, ils sussent calmer les ressentimens et rompre le cours des haines héréditaires ; soit que, dans les fêtes nuptiales et les funérailles, leur harpe, se conformant à la joie ou à la douleur, se plût à accroître ces sentimens en des cœurs dociles à la mélodie (1). Souvent même ils allaient, au nom de leur roi, demander la main d'une princesse que sa beauté rendait célèbre, et qui, séduite par leurs accords, les suivaient sans hésiter. C'est ainsi que la princesse *Astrid* fut attirée sur le trône de Suède par les chants d'un scalde ambassadeur.

« Les scaldes étaient quelquefois tourmentés d'un esprit prophétique ; l'un d'eux, chantant un jour devant un roi breton, devina où était le tombeau du grand *Arthur,* qu'on n'avait pas encore découvert.

« De quels honneurs, de quelles prérogatives

---

(1) Snorro, Sturles. Præf. ad Heims Kringla. — Schützeus, sur la manière de penser des anciens poètes.

devaient jouir, parmi des hommes enthousiastes de gloire et ivres d'amour, les poètes dont les chants pouvaient assurer ainsi l'immortalité des héros et le bonheur des amans!

« Les chefs scandinaves étaient si orgueilleux et si jaloux d'être célébrés par leurs poètes, qu'un jour *Harald le Brave*, écoutant les vers que le scalde *Arnor* avait composés pour lui et pour *Magnus* de Norwége, et ceux-ci lui paraissant plus beaux, il s'écria avec l'accent de la douleur :

« Roi des concerts, ô scalde! que *Magnus* est « heureux de t'avoir inspiré de si nobles chants ! « Mais, hélas! ceux que tu m'as consacrés ne sont « que les restes d'un génie épuisé sur la gloire d'au-« trui; ils ne dureront point parmi les hommes, « et avec eux passera le souvenir de mes exploits. « A peine aurai-je cessé de vivre, que nul voya-« geur ne demandera au pâtre de ces vallées où se « voit la tombe d'*Harald le Brave* : cependant « *Magnus*, grâce à tes vers, sera l'entretien des « héros, tant que le Nord sera peuplé ». (1) •

(1) Torfæus, Ser. Dynast. et Reg. Dan., l. 1, c. 6.

«Les rois prodiguaient les trésors et les faveurs pour attirer les scaldes à leurs cours. Souvent, comme le roi *Lysten*, ils leur donnaient la main de leurs filles ; ils les faisaient asseoir près d'eux à leur festin, de préférence aux plus grands seigneurs : leur admiration allait même jusqu'à l'abus, puisqu'elle leur faisait absoudre les crimes que ces chantres célèbres commettaient. Sous le règne de *Bero* et d'*Halon*, un scalde, condamné à mort, obtint sa grâce à cause de ses vers. *Eric Blodoxe*, pleurant encore son fils immolé par *Egill*, ayant entendu un hymne de ce scalde, ne voulut point qu'il mourût, et cet hymne fut appelé *la rançon d'Egill*. *Helfrid*, qui avait par un grand meurtre ensanglanté le palais d'*Oluf*, dut aussi le pardon à ses talens. (1)

« Les souverains, pour la plupart, cultivaient eux-mêmes la poésie, et se plaisaient à mêler aux voix des scaldes leurs voix royales et guerrières. Plusieurs sont cités avec bonneur dans la littérature runique. *Harald aux beaux Cheveux* honora

____

(1) Torf., Hist. Norw., t. 2. — Olavius in Stephan.

d'une élégie le tombeau de *Snafrid*, son épouse. *Hakon*, son fils, improvisa un chant ingénieux, pour répondre au scalde *Ewind*; et *Olaf* composa un hymne après la victoire d'Erling.

« Les scaldes improvisaient avec une merveilleuse facilité sur toutes sortes de sujets; leur poésie était énergique, imitative, et abondante en images frappantes et en expressions animées. Ils se plaisaient à y mêler des allégories, des fables, des allusions, et surtout des sentences et des proverbes.

« La concision et la hardiesse de leur style rendent presque impossible une bonne traduction de leurs chants : souvent ils n'emploient qu'un mot pour une grande pensée; d'autres fois ils se servent de périphrases et de métaphores, pour s'exprimer poétiquement.

« Il est étonnant qu'un peuple guerrier, impétueux et presque barbare, ait pu astreindre son génie poétique à des règles compliquées, à un mécanisme de vers non moins difficile et aussi minutieux que celui de nos rondeaux, de nos sonnets et de nos acrostiches : ils possédaient cent

trente-six sortes de vers, qu'ils employaient selon
les genres de poésie et les circonstances qu'ils cé-
lébraient. Tantôt ils assignaient à leurs syllabes
finales et identiques un retour plus ou moins
fréquent, et combinaient avec beaucoup d'art le
redoublement de leurs sons et les effets qu'ils devaient produire (1) : tantôt ils distribuaient leurs
vers en strophes plus ou moins longues ; si c'était
un chant de guerre ou un hymne religieux, leur
rhythme était mâle et sévère, et divisé par des
chœurs et des refrains.

« Ce que nous savons de la littérature des
scaldes doit nous faire vivement regretter d'avoir
perdu la plus grande partie de leurs vers. Où sont
les chants du fameux *Starkotter*, l'Hercule du Sep-
tentrion, qui célébra ses propres victoires et ses
diverses aventures? Où sont les chants composés
sur Attila ; ceux du roi *Biar*, dont il ne nous reste
que cette épitaphe : *Biar tomba, rit et mourut?*

(1) Schilters, Thes. Antiq. Teut., t. 1. — Wormius, App. ad. Lit. Runic. — Loccenius, Antiq. Svcogoth., l. 11, c. 15.

Où sont les chants qu'*Alboing* fit sur les Gépides ;
ceux qu'*Eginard* recueillit parmi les Saxons, et
tous ceux enfin qu'avait rassemblés la bibliothèque de Tolède ? (1)

Page 34, vers 5.

> Ivar, tourné vers la tombe nouvelle,
> Jure au milieu du funèbre festin
> De consacrer à la flamme éclatante
> Les deux captifs que leur fatal destin
> Doit les premiers amener sous sa tente.

Les Danois étaient plus cruels que les Saxons
dans leurs sacrifices. Lorsqu'ils voulaient détourner d'eux un péril, ou se rendre les dieux pro-
pices, les rois n'épargnaient ni le sang de leurs su-

(1) Aventin. Annal. Boj., l. 2, p. 130. — Torf. Ser.
Dyn. et Reg. Dan., l. 1, c. 7. — Paul Diac., Hist.
Longob., l. 1, c. 27. — Egin., in Vitâ Carol. Magn.
— Alv. Gómez, de Reb. Gest. Franc. Ximenii, l. 11.

jets, ni celui de leurs propres enfans. *Hacon*, roi
de Norwége, dévoua son fils à Odin, pour obtenir
la victoire sur *Harald*, son ennemi. Le prêtre consacrait la victime par ces mots : *Je te dévoue à Thur,*
ou *Thor*, l'un des fils d'Odin. (*North. antiq.*)

Page 35, vers 14.

Gloire au guerrier noblement terrassé !
Malheur au lâche ! avec lui tout succombe :
L'oiseau d'oubli vient chanter sur sa tombe ;
Pour lui déjà l'avenir est passé.

La religion des Scandinaves était éminemment
destinée à inspirer un courage fondé sur le mépris de la mort.

« Le *Niflheim*, enfer des Scandinaves (1), était
composé de neuf mondes, réceptacles affreux des
criminels, des lâches et de ceux qui mouraient

(1) Extrait de la *Gaule Poétique*.

sans gloire. Dans le premier réside *Héla* ou la Mort : la moitié de son corps est bleue, le reste a la couleur de la chair vivante ; et ces deux nuances marquent le passage de l'existence à la dissolution (1).

« Le seuil de sa porte est un précipice..... Près de là se découvre le sombre *Nastroud*, ou le rivage des cadavres (2). Là s'élève une maison, dont les fenêtres sont ouvertes du côté du nord, et laissent pénétrer le grésil et les rafales. Ses cloisons sont tressées de serpens ; dont les têtes, tournées vers l'intérieur, lancent des dards, mêlent des sifflemens au bruit de l'ouragan, et distillent des poisons qui s'écoulent en un lac verdâtre, où sont jetés les assassins, les parjures et les adultères.

« Plus loin est une forêt de fer, dont la mousse

(1) Edda Myth. — Barth. Antiq. Dan., l. 2, c. 4, p. 317.

(2) La Volupsa, stroph. 56 et 37. — Spegel, Gloss. Sveogoth.

est une rouille épaisse : c'est là que sont enchaî-
nés les géants ennemis du ciel ; mais un jour, se-
condés de *Surtur*, prince des mauvais génies, ils
doivent rompre leurs chaînes et détruire le ciel et
la terre ; alors arrivera le crépuscule, ou le dernier jour des Dieux, prédit par la *Volupsa*.

« Cette forêt métallique est environnée de trois
côtés par une mer couverte de brouillards épais et
de glaces vagabondes, sur lesquelles se tiennent
les ombres des débiles vieillards et des guerriers
pusillanimes (1).

« Voici maintenant quel lieu de délices était
promis aux valeureux Scandinaves :

« *Asgard* était le pays des *Ases*, peuple de Scy-
thie, que leur roi Odin avait entraînés à des expéditions lointaines. Ce peuple, qu'il établit dans
le Nord, regretta long-temps la douce tempéra-
ture et la fécondité d'*Asgard*, situé entre le Pont-
Euxin et la mer Caspienne. Les vieillards, comme
il est d'usage, vantaient l'ancien temps et les
charmes de la primitive patrie, dont un conqué-

(1) L'Edda Myth. — Spegel, Gloss. Sveog.

rant les avait sevrés. Bientôt des récits exagérés, des traditions mensongères firent de cette patrie perdue un lieu de prédilection, que les divinités et les héros étaient seuls dignes d'habiter. Odin mit à profit ces regrets, et y mêla les douceurs de l'espérance. Il persuada à ses sujets que, s'ils mouraient en braves, leurs âmes s'envoleraient à Asgard (1) : ainsi fut créé l'Olympe scandinave.

« Selon l'*Edda* et l'*Hamavaal* d'Odin, le palais de *Valhalla* s'élevait à *Asgard*, à l'extrémité méridionale du ciel : c'était là que résidaient les héros après leur mort, et ils y prenaient leurs rangs d'après le nombre des ennemis qu'ils avaient tués. Nul ne pénétrait dans le *Valhalla*, s'il n'avait péri de mort violente : aussi, les femmes qui accouchaient d'un fils demandaient-elles aux dieux qu'il mourût dans les combats ; et souvent les guerriers et les vieillards qui se sentaient malades, s'étranglaient ou se perçaient de leurs épées,

(1) Rudbeck, Atlant., t. 1, 2 et 5.

pour échapper à l'ignominie d'une mort naturelle (1).

« Dès l'aube du jour, la bergère *Gygur*, assise sur une colline, réveille les hôtes heureux de *Valhalla* aux sons de la harpe. Bientôt *Fialar*, ou le *Coq rouge*, perché sur un palmier d'or, fait entendre son chant matinal : c'est le signal des jeux guerriers. Aussitôt les habitans d'*Asgard* sortent de leurs pavillons : ils sont couverts de leurs armes ; c'est le seul bien qu'ils aient voulu garder de tous ceux qu'ils eurent sur la terre. Leur foule héroïque traverse cinq cents portes resplendissantes, pour se rendre, au son des clairons, dans la lice préparée pour le combat : là, ils s'attaquent mutuellement, se font de larges blessures et se donnent le trépas ; mais ce trépas est aussi court qu'un léger sommeil, et interrompt à peine leur immortalité ; car aussitôt que l'heure du repos et des festins est arrivée, la lyre de *Braga* les res-

(1) Stalenberg, p. 76, not. 2. — Pelloutier, t 2, ch. 12, p. 302, not. 32.

suscite; et des vierges, roses comme l'aurore, viennent panser leurs blessures (1).

Les braves retournent dans les salles du *Valhalla*, où le banquet est préparé. Les chairs brûlantes du sanglier *Scrimner* sont servies sur les disques des boucliers, et les *Valkyries*, couvertes d'armes blanches, font couler la bière et l'hydromel dans les crânes des vaincus. Vidant à la lueur de mille flambeaux les coupes écumantes, ils savourent à longs traits l'allégresse et l'oubli des maux (2).

« Pendant le repas, les Fées célèbrent sur la harpe les exploits des convives; elles racontent les guerres des Dieux et des Géants; la victoire du dieu *Thor* contre le grand serpent; la descente d'*Hermode* aux enfers; les délices du voluptueux séjour de *Gimle* et de *Glasiswal*. Pendant ces concerts, *Iduna* offre aux assistans des pommes qui

(1) L'Edda Myth.

(2) Keysler, Antiq. Sept. — Loccenius, Antiq. Svcogoth.

entretiennent en eux une éternelle jeunesse. Autour de la table folâtrent les bons génies et les compagnes de *Frigga*.

« Odin, le plus puissant des immortels, est assis sous le frêne *Ydrasil*. La Mémoire et l'Esprit, sous la forme d'un corbeau et d'un écureuil, viennent tour-à-tour raconter à son oreille tout ce qui se passe sur la terre.

« Ce dieu ne daigne pas toucher aux portions du festin qui lui sont servies ; mais il savoure le breuvage qui inspire l'art des vers. Ce breuvage, composé avec du miel et le sang de *Weiser*, était gardé par la belle *Gundula*. Odin la séduisit, s'enivra près d'elle de la boisson divine, et se transforma tout-à-coup en un aigle audacieux (1).

« Tel est le paradis des Scandinaves. Un grand pont, formé de l'arc-en-ciel, est son unique entrée ; la garde en est confiée à *Heimdal*, dont les dents sont d'or pur. Ce dieu vigilant voit dans la nuit comme dans le jour ; il dort plus légèrement

(1) Edd. Isl. Myth. 65. — Mallet, Introd. à l'hist. de Danem., t. 2, p. 259. — Gräberg, p. 55, § xvi.

qu'un oiseau; il entend croître l'herbe des prés et la laine des agneaux. »

Page 37, vers 5.

Et dans ce jour veulent, au prix du sang,
Se délivrer de leur bouclier blanc.

Tout le monde n'avait pas le droit de porter des armures ornées de dessins ou de reliefs. Quand un jeune guerrier faisait ses premières armes, il portait d'abord un bouclier blanc, nommé le *bouclier de l'attente*, jusqu'à ce que des exploits signalés lui permissent d'y faire graver les preuves de sa valeur. Les princes et les guerriers distingués par leurs services chargeaient leurs boucliers de devises et d'emblêmes, qu'ils transmettaient de père en fils; et de là sans doute l'origine des armoiries héréditaires.

« Mais si un Danois fuyait, sans y avoir été contraint par le nombre, il était déclaré infâme, et n'avait plus droit de paraître dans les assemblées publiques. Ses parens le repoussaient de leurs demeures ; et si, dans la nuit, il osait se glisser jusqu'à la porte de sa maîtresse, celle-ci restait insensible à la voix de son amant, exposé au souffle orageux de l'aquilon. Couché sur un lit de frimas, à la lueur des étoiles scintillantes, il soupirait, la tête tristement baissée ; et ses dogues fidèles semblaient seuls compâtir à sa douleur. Dès le point du jour, il se cachait dans les forêts ; et, gravissant les rochers couverts de noirs sapins, il perçait le timide chevreuil de ses flèches déshonorées.

« Si le Scandinave, accablé par le nombre, était amené captif, il refusait la liberté que lui offrait un ennemi généreux, et ne voulait être délivré que par un coup d'épée.

« L'histoire nous a conservé ces mots d'un roi du Nord pris par un rival qui lui proposait de briser ses fers :

« Qu'est-ce que l'avenir peut me garder en-
« core, pour compenser ma honte ? Toutes les
« coupes du festin me seraient amères désor-
« mais ; tous les chants des scaldes seraient fu-

« nèbres pour moi. Irais-je baisser un front hu-
« milié devant la harpe qui juge les héros, et
« devant les trophées de mes pères, qui pendent
« aux voûtes de mon palais? Ah! quand tu me
« rendrais mes trésors; quand tu reconduirais
« sous mes pavillons mon amante et ma sœur, es
« bienfaits ne me rendraient pas ma gloire, et
« n'imposeraient point silence aux siècles futurs
« qui diraient toujours que je connus un vain-
« queur ! »

(*Gaule Poétique.*)

Page 37, vers 15.

Mais cependant ces filles de Recner,
Prenant en main la navette de fer,
A la lueur d'une lampe magique,
Sous le rocher qui s'élève à l'écart,
Ont commencé la trame symbolique
Qui des Danois formera l'étendard.

In quo etiam acceperunt id vexillum, quod Reafan
nominant. Dicunt enim quod tres sorores Hungardi

et Hubbœ, filiœ Lodebrochi, illum vexillum texue-
runt, et totum paraverunt illud uno meridiano tem-
pore. Dicunt etiam quod in omni bello ubi præcede-
ret idem signum, si victoriam adepturi essent appa-
reret in signo quasi corvus vivens volitans, sin vero
vincendi in futuro fuissent, pendere directe nil mo-
vens, et hoc sæpe probatum est.

(Asserius.)

Le sort des Scandinaves semblait attaché à cet
étendard merveilleux, qui a été décrit dans un
chant danois, imité en beaux vers par Gray. —
Voyez son Ode sur la descente d'Odin aux enfers.

Page 39, vers 5.

« Odin se lève; Odin l'invulnérable.....

Ce chant des sœurs d'Ivar, et les autres chants
qui se trouvent dans le cours du poëme, ont inspiré au talent déjà connu d'un agréable compo-

siteur (M. Lambert), plusieurs airs qui, au ju-
gement des connaisseurs, se distinguent par un
heureux mélange de force et de grâce, et par une
couleur souvent dramatique et toujours locale.

Page 58, vers 1.

Il croyait voir, d'avance retracé,
Ce monument de gloire et de sagesse,
Savant gymnase, où l'ardente jeunesse
Doit s'abreuver aux sources du passé.

La fondation de l'université d'Oxford et de sa
bibliothèque.

Page 58, vers 5.

Il retrouvait, dans sa magnificence,
Cette cité des antiques Romains,
Où de Léon les paternelles mains
L'avaient marqué du sceau de la puissance.

Alfred avait reçu à Rome sa première éducation, sous la tutelle du pape Léon IV, qui, pressentant la grandeur future du jeune prince, lui donna l'onction royale, au préjudice des trois frères placés entre le trône et lui.

« *Athelwelphus rex, filium suum Alfredum, magno nobilium, et etiam ignobilium, numero constipatum, honorificè Romam transmisit, quo tempore dominus Leo Papus quartus Apostolicæ sedi præerat, qui præfatum infantem Alfredum oppido ordinens, unxit in regem et in filium adoptionis sibimet accipiens confirmavit.*

(*Asserius.*)

Page 59, vers 5.

Monarque et père, il veut voir ses sujets
Libres toujours ainsi que leurs pensées.

Ce vœu est exprimé, en propres termes, dans le testament d'Alfred.

Page 59, vers 7.

Les grands soumis, par leurs égaux jugés,
Sont tour-à-tour et vengeurs et vengés ;
Et, contenu par un pouvoir suprème,
Le peuple, fier de ses droits protégés,
Trouve son juge au sein du peuple même.

On doit à la sagesse d'Alfred la belle institution du jury. Ses lois devinrent les lois d'Edouard. Ce fut lui qui, le premier, donna pour juges aux citoyens des citoyens du même ordre qu'eux, afin que les accusés n'eussent pas à craindre l'injustice de ceux qu'ils pouvaient juger à leur tour. Le gentilhomme était cité devant douze de ses pairs, et le roturier devant onze bourgeois, sous la direction d'un gentilhomme.

Page 62, vers 12.

A ses regards soudain se représente
Du vieux Regner l'attitude imposante,
Quand, tout entier de serpens enlacé,
Il acheva son hymne commencé.

CHANT DE REGNER LODBROG (1).

« Nous nous sommes battus à coups d'épée dans le temps où, jeune encore, j'allai vers l'orient préparer une proie sanglante aux loups dévorans. Toute la mer ne semblait qu'une plaie, et les corbeaux nageaient dans le sang des blessés.

« Nous nous sommes battus à coups d'épée, le

(1) L'original de cette pièce se trouve dans Wormius, *Litter. Runica*, et dans le Recueil de M. Biorner ; elle a été traduite, en anglais, dans un Recueil de pièces runiques, publié en 1763; en allemand, dans la *Biblioth.* de Schoneu Wissemch ; et en français, par M. Mallet, dans son excellente *Introduction à l'Hist. du Danem.*, t. 2.

jour de ce grand combat où j'envoyai le peuple de Helsingie dans le palais d'Odin. De là nos vaisseaux nous portèrent à Ifa, où les fers de nos lances, fumant de sang, entamaient à grand bruit les cuirasses, et où les épées mettaient les boucliers en pièces.

« Nous nous sommes battus à coups d'épée, le jour où j'ai vu dix mille de mes ennemis couchés sur la poussière, près d'un cap d'Angleterre. Une rosée de sang dégouttait de nos glaives; les flèches mugissaient dans les airs, en allant heurter les casques. C'était pour moi un plaisir aussi grand que de tenir une belle fille sur mon cœur.

« Nous nous sommes battus à coups d'épée, le jour où mon bras fit toucher à son dernier crépuscule ce jeune homme si fier de sa belle chevelure : l'insensé! il recherchait les jeunes filles dès le matin, et se plaisait à faire le tourment des veuves. Quelle est la destinée d'un homme vaillant, si ce n'est de tomber des premiers au milieu d'une grêle de traits? Celui qui n'est jamais blessé passe une vie ennuyeuse; et le lâche ne fait jamais usage de son cœur.

« Nous nous sommes battus à coups d'épée ; car il faut qu'un jeune homme se montre de bonne heure dans les combats, qu'un guerrier en attaque un autre, ou lui résiste. Celui qui aspire à se faire aimer de sa maîtresse, doit être prompt et hardi dans le fracas des épées.

« Nous nous sommes battus à coups d'épée, mais j'éprouve aujourd'hui que les hommes sont entraînés par le destin : il en est peu qui puissent résister aux décrets des Fées. Eussé-je cru que la fin de ma vie serait réservée à Ella, lorsque, demi-mort, je répandais encore des torrens de sang ; lorsque je précipitais les vaisseaux dans les golfes de l'Ecosse, et que je fournissais une proie si abondante aux bêtes sauvages !

« Nous nous sommes battus à coups d'épée ; mais je suis plein de joie en pensant qu'un festin se prépare pour moi dans le palais des dieux. Bientôt, bientôt, assis dans la brillante demeure d'Odin, nous boirons de la bière dans les crânes de nos ennemis. Un homme brave ne redoute point la mort. Je ne prononcerai point des paroles d'effroi en entrant dans la salle d'Odin.

«Nous nous sommes battus à coups d'épée. Ah! si mes fils savaient les tourmens que j'endure; s'ils savaient que des vipères empoisonnées me déchirent le sein, qu'ils souhaiteraient avec ardeur de livrer de cruels combats; car la mère que je leur ai donnée leur a laissé un cœur vaillant!

« Nous nous sommes battus à coups d'épée; mais à présent que je touche à mon dernier moment, un serpent me ronge déjà le cœur. Bientôt le fer que portent mes fils sera noirci dans le sang d'Ella : leur colère s'enflammera; et cette jeunesse vaillante ne pourra plus souffrir de repos.

«Nous nous sommes battus à coups d'épée dans cent et un combats, où les drapeaux flottaient. Dès ma jeunesse, j'appris à rougir de sang le fer d'une lance, et je n'eusse jamais cru trouver un roi plus vaillant que moi. Mais il est temps de finir; Odin m'envoie les déesses pour me conduire dans son palais : je vais, aux premières places, boire de la bière avec les dieux. Les heures de ma vie se sont écoulées; je mourrai en riant.»

Page 64, vers 13.

Même l'accent des beautés que j'adore......

Les femmes étaient, chez les Danois, l'objet d'une espèce de culte. On trouve dans l'*Hama-vaall*, ou *Discours sublime* d'Odin ; ce passage remarquable :

« Adorez les femmes, sans lesquelles on ne
« peut donner la vie, ni goûter les douceurs de
« celle que vous avez reçue. Regardez-les comme
« des divinités visibles, et comme les images
« et les oracles invisibles des dieux. Que leur
« amour soit le prix des belles actions, et leur
« indifférence la punition des mauvaises. »

Page 69, vers 1.

Redis tout bas les paroles sacrées ;
Rien ne résiste à leurs charmes puissans.

Resenius rapporte le petit poëme intitulé : *le*

Chapitre Runique, ou *la Magie d'Odin.* On y trouve les passages suivans, dont j'ai imité quelques vers :

« Je sais un chant que la femme du roi ne sait pas, ni le fils d'aucun homme. Il s'appelle *le Secours ;* il chasse les querelles, les maladies, la tristesse.

« J'en sais un que les fils des hommes doivent chanter, s'ils veulent devenir habiles médecins.

« J'en sais un par lequel j'émousse et j'enchante les armes de mes ennemis, et je rends inutiles leurs artifices.

« J'en sais un que je n'ai qu'à chanter quand les hommes m'ont chargé de liens ; car, dès que je le chante, mes liens tombent, et je me promène librement.

« J'en sais un dont la vertu est telle, que, si je suis surpris par la tempête, je fais taire les vents, et je rends la paix à l'air.....

« Si je vois un homme mort et pendu au haut d'un arbre, je grave des lettres runiques si merveilleuses, qu'aussitôt cet homme descend, et vient s'entretenir avec moi ....

« Je sais un secret que je ne perdrai jamais : c'est celui de me faire aimer constamment de ma maîtresse.

« Mais j'en sais un que je n'enseignerai jamais à aucune femme, excepté à ma sœur, ou à celle qui me tient dans ses bras ; car ce qu'on est seul à savoir est toujours d'un plus grand prix. »

Cette dernière réflexion est tout-à-fait à la manière d'Homère.

Il est probable, au reste, que l'art runique n'était autre que l'art de l'écriture, dont Odin aimait à s'attribuer l'invention.

Page 69, vers 12.

Nous abreuver dans son crâne sanglant.

La même expression danoise, qui signifie *crâne*, veut dire aussi *excroissance sur le front d'un animal*. Ainsi, ceux qui ont traduit ces deux mêmes mots de la même manière, ont confondu, sans s'en apercevoir, la corne des bœufs dans laquelle buvaient les vainqueurs, et le crâne des vaincus, où ils ne buvaient jamais. Cette erreur a fourni une tradition assez poétique

Page 76, vers 2.

Dans une tour, sur le tertre voisin.....

Les forteresses des Danois, dit l'auteur des *Antiquités du Nord*, n'étaient que de petits châteaux grossièrement construits, situés sur une éminence, et entourés de murs dont les sinuosités offraient une sorte de labyrinthe. On les nommait communément *dragons* ou *serpens* : telle est sans doute l'origine de ces contes, où l'on représente des enceintes mystérieuses gardées par des serpens et des dragons.

Page 76, vers 7.

Au camp danois cependant retentissent
Les jeux bruyans.......

Les Danois avaient particulièrement une grande

passion pour les échecs et pour les dés. Le *back-gammon*, ou trictrac anglais, paraît avoir été inventé à cette époque dans le pays de Galles. Son nom, tiré des mots *bach* et *cammon*, signifie *petit combat*.

Page 83, vers 18.

Mais une troupe aux combats toujours prête,
Qui, repoussant les douceurs du sommeil,
Debout, se plaint de la nuit qui l'arrête,
Et, tout armée, appelle le soleil.

Tacite représente les Saxons comme ennemis de la mollesse; ils ne faisaient usage que de ce qui était strictement nécessaire à leurs besoins. Un lit de planches, recouvert d'un mince tissu, était pour eux un objet de luxe, même dans la paix : aussi passaient-ils, sans privations, de l'état de paix à l'état de guerre.

Page 102, vers 1.

Il ajouta : « Je vous délivre tous,
Danois, vos fils béniront ma mémoire ;
Votre vainqueur entre son peuple et vous
Partagera son vaste territoire.
Pour le vrai Dieu, l'unique Dieu, le mien,
Vous quitterez l'aveugle idolâtrie,
Et sur vos fronts le signe du chrétien
Vous ouvrira la céleste patrie.

Alfred, en effet, après sa victoire à Edington,
donna des terres aux Danois subjugués : trente de
leurs principaux officiers reçurent le baptême
sous ses auspices; et ce jour offrit le rare et beau
spectacle d'un triomphateur béni par les vaincus.

FIN DES NOTES D'ALFRED

LA RANÇON D'ÉGILL,

POËME.

Lᴇ fond de ce petit poëme est tiré d'une tradition scandinave, dont il est parlé dans les notes du poëme précédent. *Egill* fut célèbre parmi les scaldes; ses ouvrages ont été réunis, et l'on y distingue l'hymne intitulé : *la Rançon d'Egill.* Cet hymne, qui, en effet, le délivra de la mort, suffirait pour attester la puissance de son art. Me proposant de traiter le même sujet en forme de poëme, je n'ai pas voulu lire ce chant du scalde ; je me suis plu à travailler sans modèle, pour essayer si quelquefois je reproduirais d'inspiration la pensée et la couleur de l'original. Les lecteurs qui prendront la peine de comparer jugeront si j'ai réussi.

Je me suis surtout attaché à revêtir le sujet de formes dramatiques. L'exposition, faite en dialogue, épargne quelque froideur au récit, et, lorsque le récit vient à succéder au dialogue, j'ai cherché du moins à rompre son uniformité par les discours, par les mouvemens, et par la variété des tours.

Dans le poëme d'Alfred et dans celui-ci, j'ai cru devoir n'employer qu'avec une extrême sobriété les détails de la mythologie danoise. Ils sont brillans, sans doute : cette théogonie, souvent ingénieuse, est bien plus étendue que celle des Calédoniens ; toutefois son insuétude pourrait la rendre fastidieuse à ceux qui n'en ont point fait une étude particulière. La couleur locale, trop chargée, devient obscure ; et les tableaux d'une nature étrangère ont spécialement besoin de transparence. Une clarté parfaite est seule capable de familiariser avec la nouveauté d'un genre ; nécessaire partout, elle est indispensable dans les sujets peu connus.

On devait aux scaldes une quantité prodigieuse de poëmes de tout genre, de toute étendue ; il n'en est resté que la plus faible partie. Une immense collection de ces ouvrages fut livrée aux flammes par des moines clviij

ignorans ; ce qui survécut fut recueilli par les soins éclairés d'un évêque (1) ; il y a compensation.

Peut-être eussé - je puisé dans les mêmes sources quelques autres sujets ; deux motifs m'ont arrêté : la difficulté presque insurmontable de peindre sans monotonie des scènes souvent uniformes, et la difficulté plus grande encore de faire diversion à des intérêts positifs par des compositions idéales. Les beaux jours de la poésie renaîtront sans doute sous une heureuse influence : jusque-là l'ambition du poète doit se borner à ne publier de vers

(1) *Bruniolf Sveno*, évêque islandais.

qu'en petit nombre, pour un petit nombre de lecteurs. La ténuité de ce volume me rassure à peine, et je crains déjà d'avoir excédé les bornes de l'attention.

LA RANÇON D'ÉGILL.

——

ELMOR.

«ILLUSTRE Egill, honneur de la Scanie !
Quitte ce fer trop pesant pour ton bras ;
Borne ta gloire aux combats d'harmonie,
Et laisse-nous les périlleux combats.

ÉGILL.

«Pardonne, ô fils du roi des Scandinaves ;
Mais j'ai le droit de conserver ce fer.

14.

Ne sais-tu pas qu'en même temps Recner
Etait le chantre et l'émule des braves ?

ELMOR.

« Pardonne, Egill ; mais si ta docte voix
Dans nos concerts désormais ne répète
Que les combats témoins de tes exploits,
Pour plus d'un jour elle sera muette.

EGILL.

« Ecoute, Elmor. Ivre d'un vain orgueil,
Un fils des rois au scalde fit outrage :
Le lendemain sa mère était en deuil. »

D'Egill ainsi le tranquille courage

Sait opposer la menace au dédain.

Elmor l'entend, et sous le noir ombrage

Sans se parler ils s'enfoncent soudain.

Dans la forêt, durant une heure entière,

Le bruit des coups sans trêve retentit.

Egill, couvert de sang et de poussière,

De la forêt fut le seul qui sortit.

Vaillant Elmor! au palais de ton père

On t'attendait pour le festin du soir:

A ce festin tu ne dois plus t'asseoir.

Pâle, tu dors sur la rouge bruyère;

Loin de ta bouche a fui l'injure altière,

Et le silence où la mort t'a plongé

Atteste au loin que le scalde est vengé.

La froide Aurore à peine réveillée,

Au prompt signal des dogues aboyans,

On retrouva sous l'épaisse feuillée

Du fils d'Armin les restes effrayans.

Armin, frappé d'une douleur mortelle,

Ne pleure plus, mais s'arrache le sein.

On s'interroge, on cherche l'assassin :

« Ne cherchez plus, dit la voix paternelle,

Je le connais ; c'est le fier Ingisfal.

Depuis qu'Elmor fut son heureux rival,

Il se nourrit du poison de la haine.

Qu'il soit saisi ; qu'au palais on le traîne :

Courez, volez, aussi prompts que l'éclair.

En attendant que sa mort se prépare,

Que mes cachots ferment sur le barbare

Les gonds d'airain de leurs portes de fer. »

On obéit. Egill sur le rivage

Errait encor. Tel un profond nuage,

D'où s'échappa la foudre aux traits brûlans,

Roule, chargé des restes de l'orage,

Tel et plus sombre Egill marche à pas lents.
Devant ses pas une troupe en furie
Traîne au palais Ingisfal innocent.
Le nom d'Elmor au loin retentissant
Instruit Egill, qui s'élance et s'écrie :
« Ce n'est pas lui qu'il faut punir, c'est moi,
Moi seul ! vengez le sang de votre roi.
Venge ton fils, ô chef des Scandinaves !
Par un outrage il a blessé mon cœur :
Je l'ai tué, mais de la mort des braves,
Et de sa mort je réclame l'honneur. »

Armin l'écoute, et frémit ; il ordonne,
Et de guerriers Egill est entouré.
A leur fureur le scalde s'abandonne,
Et, remplaçant Ingisfal délivré,
Vers sa prison marche plus assuré
Que s'il allait recevoir la couronne,

Glorieux prix à ses vers consacré.

« Malheur à toi ! criait la foule armée;
Malheur à toi, fils de la Renommée !
Nul barde ici ne redira ta mort. »
Et, sur ses gonds roulant avec effort,
Du noir cachot la porte refermée
Mêle son bruit aux sifflemens du Nord.

Le voilà seul ! Non ; sa harpe chérie
En son malheur le consolait encor.
Egill chantait, il chantait pour Elmor :
« Heureux Elmor ! le ciel de ta patrie
Fut le témoin de tes derniers momens ;
Le sol natal couvre tes ossemens.
Heureux Elmor ! tes amis et ton père
A ton cercueil apporteront des pleurs :
Et moi, je meurs sur la rive étrangère ;

Ni mes amis, ni ma sœur, ni ma mère
Ne m'offriront leur tribut de douleurs.
De mes destins compagne glorieuse,
Chante, ô ma harpe, une dernière fois;
Tu vas périr. D'une main furieuse
On brisera ta corde harmonieuse,
Et comme Egill tu resteras sans voix.
Que de beaux chants je méditais encore!
Ma gloire à peine atteignait son aurore.
Gémis, gémis, ô ma harpe! avec nous
Notre avenir au tombeau va descendre;
Le barde obscur passera sur ma cendre,
Et de mon nom ne sera point jaloux. »

Mais à grand bruit les bardes scandinaves
Ont commencé de sauvages accords :
Ils répétaient l'hymne qui chez les morts
A leurs festins va réjouir les braves.

Grossièrement on érige en autel
Les lourds éclats de la roche brisée ;
Et le tranchant de la hache aiguisée
Au prisonnier promet le coup mortel.

Le cachot s'ouvre : à l'autel on amène
Le noble Egill, toujours calme et serein.
Mais son oreille endurait avec peine
L'hymne danois et son rauque refrain.
Il cède enfin à son impatience ;
La main tendue, il demande audience,
L'obtient, s'incline, et d'Armin s'approchant :
« Père d'Elinor ! si tu chéris sa gloire,
Laisse à mon art le soin de sa mémoire.
Puisse du moins servir mon dernier chant
A racheter ma funèbre victoire ! »

Le roi s'étonne ; enflammé de courroux,

Tandis qu'il songe à punir tant d'audace,
Se fait entendre un prélude si doux,
Que sur sa bouche expire la menace.
Egill commence : appuyé sans terreur
Sur cet autel où la mort est présente,
L'aspect voisin de la hache pesante
Ne fait trembler ni sa voix, ni son cœur :

> Royal espoir de la Scandinavie,
> Dans les combats il était déjà roi.
> Un dieu sans doute, armé contre sa vie,
> Un dieu fatal combattait avec moi.
> Faible guerrier, sans renom sur la terre,
> J'ai triomphé de mon noble agresseur :
> Parfois ainsi le pâtre solitaire
> Jette à ses pieds l'ours, effroi du chasseur.

> Les jours de guerre étaient ses jours de fête ;
> Il ne chantait qu'au son du bouclier.

Les flots en vain mugissaient sur sa tête ;
A l'abordage il montait le premier.
Que d'ennemis privés de funérailles
Livra son glaive à la faim du vautour !
Les loups rôdaient autour de ses batailles ;
De ses exploits ils vivaient plus d'un jour.

Dans ses combats au lointain promontoire,
Il s'illustra par des faits éclatans :
Il en revint embelli de sa gloire ;
Et les beautés soupirèrent long-temps.
Ce fut en vain : l'âme préoccupée
Des traits charmans de la jeune Risma,
Elmor l'aimait autant que son épée ,
Et pour Elmor la vierge s'enflamma.

O de son cœur la compagne adorée !
Tu l'attendais, et tu l'attends encor.

L'instant s'approche où ta mère éplorée

Viendra te dire : « Il n'est plus, ton Elmor. »

On t'apprendra quel funeste courage

Guida les coups du glaive ensanglanté ;

Trop prompt, hélas ! à venger un outrage....

Pardonnes-tu, fille de la Beauté ?

Mais j'aperçois la fatale déesse :

Sur moi dejà s'attache son regard.

Ombre d'Elmor ! je mourrai sans faiblesse,

Pour te revoir dans la cité d'Asgard.

J'irai moi-même, aux fêtes du carnage,

T'offrir le miel sous le frêne Ydrasil ;

Et ton nom seul, consacré d'âge en âge,

Sera chanté sur la harpe d'Egill.

Roi malheureux ! écoute ma prière :

A la colline où dorment mes aïeux,

A mon pays, à ma sœur, à ma mère
Fais quelque jour porter mes longs adieux....
Barde ! remplis ton sanglant ministère;
Viens : mon sourire accueillera la mort.
Sur mon tombeau, naissez, mousse légère !
Glisse sur moi, fraîche haleine du Nord !

Egill se tait : la harpe d'elle-même
Long-temps encor se plaît à retentir;
Et, captivé par un charme suprême,
D'un heureux songe Armin semble sortir.
Levant sa voix par les pleurs étouffée :
« Dieu des concerts ! quelle savante Fée
Te révéla ses chants mélodieux ?
En t'écoutant, des larmes moins amères,
Qui l'aurait dit? s'échappaient de mes yeux.
Quel est-il donc cet art mystérieux
Qui sait charmer le désespoir des pères?

Barde! approchez; de l'instrument mortel
Chargez vos mains..... et renversez l'autel,
Envers tes chants l'Ombre d'Elinor s'acquitte,
Egill! Sois libre ; et rejoins sans effroi
Ta mère, hélas! plus heureuse que moi. »
Aux pieds d'Armin Egill se précipite.
La foule immense applaudit au pardon.
Le lendemain, à la naissante aurore,
Le noble roi voulut entendre encore
La voix du scalde ; et dès ce jour, dit-on,
L'hymne d'Egill se nomma sa RANÇON.

Egill partit. Une rive plus chère
Du toit connu lui rendit la douceur :
Des jours d'absence il consola sa mère;
Un jeune époux lui dut sa jeune sœur.
Contre la pierre il brisa son épée,
Et l'inhuma sous le sable des mers;

15.

Mais chaque jour ses regrets plus amers
La lui montraient encor de sang trempée :
Les pleurs d'Armin le poursuivaient encor ;
Et quand la nuit rassemblait les nuages,
Au pied des monts et le long des rivages
Il croyait voir le fantôme d'Elmor.

FIN.

ADRIEN ÉGRON, IMPRIMEUR
DE S. A. R. MONSEIGNEUR, DUC D'ANGOULÊME,
rue des Noyers, n° 37.